教育教学的辩证之道

任勇——

著

长江出版传媒 | 长江文艺出版社

图书在版编目（CIP）数据

　　教育教学的辩证之道 / 任勇著. -- 武汉：长江文
艺出版社，2022.4
　　（大教育书系）
　　ISBN 978-7-5702-2428-9

　　Ⅰ. ①教… Ⅱ. ①任… Ⅲ. ①教育研究－文集②教学
研究－文集 Ⅳ. ①G40-03②G420-53

　　中国版本图书馆 CIP 数据核字(2021)第 219816 号

教育教学的辩证之道
JIAOYU JIAOXUE DE BIANZHENG ZHI DAO

责任编辑：施柳柳　　　　　　　　责任校对：毛季慧
封面设计：天行健设计　　　　　　责任印制：邱　莉　杨　帆

出版：长江出版传媒　长江文艺出版社
地址：武汉市雄楚大街 268 号　　　邮编：430070
发行：长江文艺出版社
http://www.cjlap.com
印刷：武汉珞珈山学苑印刷有限公司

开本：710 毫米×970 毫米　　　1/16　　印张：16.125　　插页：2 页
版次：2022 年 4 月第 1 版　　　2022 年 4 月第 1 次印刷
字数：194 千字

定价：42.00 元

序言 辩证之"道"

教育之事，过于理想，走不动；没有理想，走不远。星空理当仰望，实地更需脚踏。当教育理想遭遇教育现实挑战时，考验着教育者的教育智慧、勇气和境界。作为一个教育人，应该看到教育改革的信心与前景，应当成为穿越在理想和现实之间的行者，矢志不移地"用教育理想追求理想教育"。理想教育在于"度"，在于把握好教育教学的"度"。

"辩证之道"是中国古代的一种哲学思想，它是儒家思想的核心，即做任何事情都要有一个"度"，既不能"不足"也不能"过分"，切不可走极端，否则只会是适得其反。类比到教育教学，在许多方面的把握上，也有一个"度"的问题，也都有既不能"不足"也不能"过分"的情况。教育教学，把握好"度"才好，这也许就是教育教学的辩证之道。

本书结合当今教育教学现状，就教育教学中一些"关系"上的"辩证"话题，宏观方面的有理论与实践、育人与育分、现代与未来等，中观方面的有深入与浅出、常规与创新、教学与教"学"等，微观方面的有动手与动脑、通法与特法、导课与结课等，共探讨了 37 个方面的"度"的把握问题，论述了自己的做法和看法。

本书不是逻辑性严密的书，读者完全可以"跳"着读，也完全可以"挑"着读。所说的事是略有交叉的，写进的内容可能会有小部分重复。读者在读完此书后，完全可以"头脑风暴"一番，还会有许多值得探索的"辩证"话题，比如"封闭与开放""教学与共学""高等与初等""多讲与少教"等等。多探"一事"，多获"一得"。

因为我是数学教师，书中涉及一些数学教育教学和数学课例，这些内容其他学科教师基本上能够看得懂，没有什么太多的深奥之处，只是为了论证观点或说明问题或给个实例，数学教师可以深悟之，其他学科的教师完全可以类比到自己所教学科的教育教学之中，迁移运用得当，完全可以创造出自己所教学科的"另类精彩"。

教育教学，是从"理想状态"向"现实制约"妥协，还是从"现实制约"向"理想状态"迈进，不断寻找教育在理想与现实之间的"黄金分割点"，是摆在今日教育者面前的一道颇有挑战的难题。"教育理想高于天，落地方有百花园。"我们可以先从书中所说的辩证关系中选取几个先在自己的教育教学中践行，真实体验"度"该如何把握。

教育教学的辩证之道，其实就是我们试图寻找"辩证"话题之间的"黄金分割点"。何以"智慧寻点"，我们很难给出一个标准的答案，但我们可以探索一些可行的方向。

其一，在"心存使命"与"执行能力"中"寻点"。心头永存使命感，前行才有原动力。但教师的使命感要与执行能力相结合，否则再好的"想法"也可能因能力不足而无法完成，那个"点"可能就在你想完成的"使命"与你能有效地"执行"之处。

其二，在"感性情怀"与"理性思辨"中"寻点"。感性情怀，让我们充满激情地推进教育事业，但教育的复杂性还要求我们理性思辨，把"感性"的憧憬与"理性"的实施结合起来，才可能让教育的"乌托邦"拥抱教育的"美好"。

其三，在"锐意进取"与"稳中求进"中"寻点"。锐意进取，让教育教学与时俱进，让课程改革步入"快车道"，但有时"欲速则不达"，教育改革一定要把握好"度"，过犹不及"车会偏离"，适度前行"车到山前就有路"。

其四，在"深化学习"与"深度思考"中"寻点"。一个孤陋寡闻、不学无术的人，是不可能有什么理想的，深化学习让我们视野开阔、理念深化、认识深刻，但学习仅仅是第一步，只有将深化之"学"与深度之"思"结合起来，才能有所悟得，才能寻得发展之"正道"。

其五，在"积极推进"与"进退平衡"中"寻点"。教改理当积极推进，但教改又具有其特殊性，许多时候"急不得"又"等不得"，"等不得"就要"进取"，"急不得"就不能"冲"，"冲"得太快了就要"稳一下"，教改只能在进退调试中稳步前进。

"寻点"之道，是辩证之道，是"中庸之道"，是调控之道；"寻点"之妙，是智慧之妙，是勇气之妙，是境界之妙。

2021 年 6 月 9 日

目　录

Contents

01. 示弱与示强

家庭教育理论中，被广泛认同的一个观点："家长会示弱，孩子才会强大！"

弗洛伊德说："成长的主要动力，来自和父母的分离。"父母保护、疼爱自己的孩子是天性，但要想教会孩子独立与自信、责任与感恩，就必须要与孩子剥离开来，给他留出足够的空间，再用示弱的方式推动孩子成长。

家长在孩子面前示弱，可以是学习上的示弱，永远不要让孩子感觉你是万能的；可以是生活上的示弱，吃喝拉撒睡，尽量让孩子自己完成；可以是成长中的示弱，让孩子处处感觉他要比你厉害，比如家里面的小决策，多听听孩子的意见，等等。

常言道"虎父无犬子"，可是生活中"虎父"却多"犬子"。家长不妨学习一下老鹰训练小鹰的方式，让孩子强大起来。

家庭教育中"家长会示弱，孩子才会强大"的观点，我以为在学校教育中，是大可借鉴的。

"教师会示弱，学生才会更强大！"

著名数学特级教师张思明，说他的一位导师告诉他："最好的老师是把学生托起来，而学生还以为是自己站得高呢。"这就是"教师示弱"。

教学中教师向学生"示弱"，不是无能的表现，它是一种态度，一种策略，也是一种教学风格，一种教育艺术。

有个二年级的小女生让我猜她编的灯谜"一人犯四错（猜一字）"，

对这样的字谜，我基本上是可以"秒杀"的。我能"秒杀"吗？我能说这谜编得很一般吗？不能！她毕竟是一个二年级的孩子，能编这样的灯谜已经算是很厉害了！我佯装不解，故意问："这'一人'是'单人旁'呢，还是一个'人'字，或是'一人'合成的'大'字呢？"她笑而不语。我又问："这'四错'，在字谜中会是什么样子呢？"她启发我："你想想，老师是怎么批改作业的？"我激动地叫了起来："啊！是打×！'一人'又'四×'，谜底是'爽'字！"我们都大笑了起来，我在她的启发下，猜中了。我问她："好像这个'爽'字，不一定是二年级学生要掌握的字？"她大声地说："我的班主任叫李爽！"

打那以后，这个小女生经常把她编的新灯谜发给我猜，孩子的编谜水平日见提高。一个二年级就会编谜让人猜的孩子，其学习原动力是足足的。

曾有个四年级的小男生到我家玩游戏，问我会不会玩"华容道"游戏？我怎么不会玩呢？我写的几本数学游戏的书中，都写了这个游戏。我故意说："慢慢玩，我应该能玩出来，但步数可能不是最少的，你会吗？"我话音刚落，小男生便噼里啪啦地移动滑块玩了起来，没几下就拨弄成功了。我大加赞赏："我玩出的时间，至少是你的3倍！"孩子受到激励后，一发不可收拾，又在我家里展示了他玩"汉诺塔""鲁班锁"等绝活。我刺激他说："会玩'立刻疯''九连环''骰子立方体'才厉害呢。"这孩子带着器具回去玩得不亦乐乎，玩着玩着，孩子玩出了数学兴趣，玩出了思维素养。

"做片绿叶又何妨？"教师"示弱"的教育智慧，被越来越多的教师认同并积极践行。

有教师认为，传统的教育观念赋予了老师"传道授业解惑者""百科全书""万事通"的角色，使得老师不甘向学生示弱，也不敢在学生面前示弱，长此以往，不仅影响了学生的全面发展，甚至影响了师生之间的和谐关系。

有学者指出，示弱是一种能够影响人与人之间关系的美妙的处事方式，优秀教师的实践经验表明，教师在教学中真实地、机智地展示自己"弱"的一面，不但不会贬损教师的形象，降低教师的权威，还会因其真、善的展示，提升教师的亲和力，并为教学增添更丰富和更深层次的美的意蕴。

"退一步海阔天空"，示弱能营造一种平等、和谐、灵动的课堂氛围，示弱能激发学生学习动力，示弱能给学生激情、自信和体验成功的快乐。

说到"示弱"，不是说教师不能"示强"，其实教师"示强"的机会很多，教师"示强"是学生时时可以感受到的。师者，当"示强"时可"示强"。

教师之强，可以体现在其动力特征的人生观、教育观、成就感和进取心上；可以体现在其学识特征的扎实的基础知识、宽厚的教育科学知识、精深的专业知识、广博的文化知识和不断获取的新知识上；可以体现在其人格特征的为人师表、举止优雅、追求完美和律己宽人上；可以体现在其教学特征的情知交融、心灵相悦、动态生成和真实有效上。

其实，教师"示强"也是一门艺术。要悄然无声，不宜为示强而示强；要渐近示强，不宜拔得太高；要学会让位，当学生可强时让学生强；要修炼"强功"，当学生"山重水复疑无路"时，你能带来"柳暗花明又一村"之强。

我和学生玩"扑克牌算24点"时，我都会让学生先抢答，让学生有成就感。比如（2，7，8，9），学生的算式是：（7+9）×2-8＝24，很好！又如（4，4，10，10），学生的算式是：（10×10-4）÷4＝24，也不错！学生玩（3，3，8，8）时，玩了很久就是算不出来，都说："无解。"我这时"才出手"，轻松说了句："应该有解。"学生惊愕！当他们看到我的算式8÷（3-8÷3）＝24时，学生惊喜的眼神中透出了对我的敬佩。无意中，我又"强"了一次!

那段时间,学生们说出"无解"的题,有一半以上的题,我都会刺激学生说:"有解。"当学生百思不得其解时,我再出手给出解答。学生从内心里再次钦佩我这个神奇的老师。

教师之强,也可以"有意设计"。

有一次我带初二学生郊游,吃过午饭有一小段休息时间,师生都坐在草地上闲聊,学生们都知道我有许多趣味数学故事,要求我讲几个给他们听。

我觉得自己一个人讲不太好,还是让大家互动一下更适合当时的情境,因为草地上还有别班的学生,还有其他学科的老师,互动可以让大家轻松一些,我也轻松一些。

我说我有一种特异功能,但要找四个助手帮我。两个助手为"乘法大师",能口算乘法;另两个助手为"平方和大师",会口算平方和。口算乘法、口算平方不是什么难事,学生纷纷举手争当助手。

我说给我 10 秒钟,我说出两个神奇的数。10 秒后,我说出 25 和 5。

学生笑了起来,说这有什么神奇?

我说有啊,这两个数都是两个完全平方数之和。我问"平方和大师"是不是?两位"平方和大师"点头称是。

$25 = 3^2 + 4^2$,$5 = 1^2 + 2^2$。

学生还是在笑,说这不能说明什么?

我接着说:"把它们乘一下,'乘法大师'在哪?"

因为太简单了,"乘法大师"不好意思地说:"125。"

表面看来,平淡无奇!

我转向"平方和大师",说:"你们发现了什么?"

"平方和大师"一头雾水,说没发现什么。

我启发道:"25 好比是父亲,5 好比是母亲,它们的积 125 就是它们的孩子，孩子带有父母的基因啊。"

学生中间有人议论："难道 125 也是两个完全平方数之和？"

我说是，请大家想想。

有学生大声说出："$125 = 121 + 4 = 11^2 + 2^2$。"弄得两位"平方和大师"很不好意思。

学生这时才觉得"有点意思"，但觉得你老师是事先想好的数，刚好凑巧了，有本事再来一个。

我闭上眼睛，佯装想数，10 秒钟之内，说出 65 和 29。

学生们大多知道 $65 = 49 + 16 = 7^2 + 4^2$，$29 = 25 + 4 = 5^2 + 2^2$。

不等我说，学生纷纷求积："$65 \times 29 = 1885$。"

难道这个"孩子"，也带有"父母"的基因？

数偏大了，"平方和大师"一时也看不出来，我随口说出："$1885 = 1849 + 36$。"

36 是平方数，学生一眼看出。1849 是平方数吗？

我让"平方数大师"估一估，"大师"就是"大师"，估出 $1849 = 43^2$。

学生这下感到有点意思了，我顺势说："我还有更绝的，只要同学们说出'父亲'和'母亲'，我就能说出'孩子'。"

学生说了"父亲"为 $181 = 10^2 + 9^2$，"母亲"为 $61 = 6^2 + 5^2$，求积得到"孩子"为 11041，学生"够狠的"，给我整个这么大的数。

我闭眼一小会，说出 $11041 = 10816 + 225 = 104^2 + 15^2$；或 $11041 = 11025 + 16 = 105^2 + 4^2$。

学生都不敢相信这是真的！

学生又给了几个更大的数，我都能找出"基因"，直到这时，大家才对我的"特异功能"深信不疑。我得意地说："龙生龙，凤生凤，具有平方数之和的数，'生'出的'孩子''数性'难移！"

学生再次惊叹："老师你是'神算子'！"

5

正当学生啧啧称奇时，他们不知道我的"特异功能"——在于我心中有如下的恒等式：

$$(a^2+b^2)(c^2+d^2) = a^2c^2+b^2d^2+b^2c^2+a^2d^2$$
$$= (ac+bd)^2+(bc-ad)^2$$
$$= (ac-bd)^2+(bc+ad)^2 。$$

"示强"之度如何把握？我的看法，教师的适度"示强"，若能给学生以积极的心理刺激，教师就可以"炫一下"。但教师不能在教学中过多地"示强"和不时地"显能"，这样容易挫伤学生的学习积极性，学生认为再有才华也不可能超越老师，就难以达到"青出于蓝而胜于蓝"的教学效应。再"能"的老师，如果他的学生"能"不起来，教师也就不能称其为"能"。从某种意义上说，教育是一种保护。教师不过多地"示强"，就是对学生的一种保护。

02. 引趣与引深

"引趣"就是让学生感到学习是十分有趣的，这是学习的原动力；"引深"就是让学生能不断钻研、深入探索，这是学习的内驱力。

布鲁纳说："学习的最好刺激，乃是对所学材料的兴趣。"孔子曾说："知之者不如好之者，好之者不如乐之者。"就是说，知道知识有用而去学不如爱好学习而去学，爱好学习而去学不如以学习为快乐之事而去学。"乐之"，就是兴趣，以学习为乐事，学习效果就最佳。

许多科学家在谈到自己成功的原因时，都一再强调自己对学习有浓厚的兴趣。达尔文在自传中写道："就我在学校时期的性格来说，其中对我后来发生影响的，就是我有强烈而多样的兴趣。沉溺于自己感兴趣的东西，深入了解任何复杂的问题。"可见，兴趣是最好的老师。兴趣可以产生强大的原动力，可以充分发挥人的聪明才智。

学习兴趣是自觉、积极地学习的基础，也是人才成长的起点。学习兴趣是学习积极性中很现实、很活跃的心理成分。一个对学习有浓厚兴趣的学生，在长期的艰苦学习中能维持最佳的心理状态，大脑思维活跃，思路敏捷，想象丰富，记忆力好。

兴趣可分为直接兴趣和间接兴趣。读小说、玩电脑、看电视、听故事、写作文、解习题、做实验等都能引起学生的兴趣，这种由学习活动、学习材料引起的兴趣叫作直接兴趣。学习电脑可能单调，但学会使用电脑后就有很多运用；学习英语可能枯燥，但会讲英语能走遍天下，因此不少学生学电脑、学英语乐此不疲，这种由学习目的、学习成果引起的兴趣叫作间接兴趣。

心理学家认为，兴趣不是天生的，而是可以培养的。教师应该努力培养学生高尚的、广阔而有中心的、持久而又高效能的兴趣，努力把有限的直接兴趣转化为无限的间接兴趣。

引趣，有多种方法。比如需要激趣法、实践活动法、立志定标法、双基育趣法、情趣迁移法、智巧得趣法、亲师染趣法、交友参赛法、成效反馈法、体验回味法、实用生趣法、奇巧探趣法等。

引趣，有多种途径。比如引趣于讲授新课之前、引趣于概念教学之中、引趣于命题（公理、定理、公式）教学之中、引趣于解题教学之中、引趣于知识探索之中、引趣于一堂课（或一章节）结束之时等。

初为人师的我，没有什么数学教学经验，但学生的学习成绩不错，是缘于我的"每课一趣"。

所谓"每课一趣"，就是每节课都要有一道以上的趣味数学题，或是数学游戏，或是数学智力趣题，或是趣味数学故事。有时在开讲时讲，有时在课末时讲，有时渗透在课中讲。趣题可以和所学内容有关，也可以与数学内容无关。趣题一般不超纲，也可以适度超一点。趣题宜自然融入，力求起到引发兴趣、激活思维、活跃课堂之效。现在看来，这"每课一趣"，就是"引趣"，通俗地说就是"好玩"。

我教了六年的初中数学课，"激趣教学"可以说是我教学风格的主旋律。学生听我的数学课，感到很有意思，其缘故就是"趣"。

我每次备课快备完之前，经常会问自己，明天这节课，"趣"在何方？

数学是迷人的乐园，曾使多少探索者流连忘返，如痴如醉；数学是神奇的世界，曾使无数开拓者绞尽脑汁，驻足兴叹！数学课是可以上得很有趣的。

但有段时间，如果年级出的试题稍难一点，或有些创新题出现，我班的成绩就不那么突出。我悟出"仅有引趣是不够的"，还要"引深"。怎么

"引深"呢？我当时的做法是"每日一题"。

"每日一题"，就是每天出一道数学征解题，供学有余力的学生选做。征解题可以是课本问题的拔高，可以是身边的精彩数学问题，可以是切合时宜的数学趣题。多数学生对每日一题也很感兴趣，哪天没给出征解题，学生就"若有所失"。征解题也可以由学生先提供给我，我简单评判或修改后署上学生名字公布。现在看来，这"每日一题"，就是"引深"，通俗地说就是"玩好"。

后来，我发现自己的数学教育实践与数学家的认识，竟然不谋而合！

2002 年，第 24 届国际数学家大会（ICM）在北京举行，92 岁高龄的著名数学家陈省身在大会活动之一的"走进美妙的数学花园"中国少年数学论坛的开幕式上题词：数学好玩。第二天，中科院院士、数学家田刚也送给青少年数学爱好者四个字：玩好数学。

从表面上看，两位数学家似乎只是在玩文字游戏，实则不然。

"数学好玩"就是保持一颗童心，就是保持一份纯真、一份坦诚，就是让数学学习恢复到最单纯的目的——在玩中学习，在玩中陶冶性情，在玩中享受数学的乐趣。在玩中学习数学，就会发现数学不是枯燥无味的；在玩中学习数学，学习者的心态就会是平和的，没有外界名利的干扰与纷争，有的只是对数学的热爱与兴趣。玩是每一个人的天性，在玩中完成自己的工作和事业，可谓人生的最高境界。

享受数学的"好玩"之处，并非数学家的特权。当你用自己的思考解开一道难题时，当你用自己的眼睛发现证明或计算的错误时，那种豁然开朗的感觉不正是对"数学好玩"的切身体验吗？即使你的智力很普通，将来也不打算从事与数学直接相关的职业，少年时期的数学训练也将对你的思维方法产生影响，这种受益是伴随一生的。

与科学终身相伴的陈老，竟用最简单的语言——"数学好玩"，向少年学子介绍了数学这门最复杂、应用最广泛的学科——这是一种欣赏。而在欣赏琢磨的过程中，陈老又为理论物理做出了巨大贡献，这恐怕是他"玩"之前所始料不及的。

但我们不能只停留在"数学好玩"或是"不好玩"的层次上，更为重要的是要"玩好数学"。"玩好数学"实属不易，田刚院士数年如一日潜心钻研，饱尝失败挫折的痛苦便是明证。在追求数学的真与美的过程中，需要耐得住寂寞，需要付出超常的毅力。只有真正"玩好数学"的人才会最终体会出"数学好玩"。

在"数学好玩"方面，我们数学老师做得好吗？

我们去调查中小学生，数学好玩吗？多数回答"数学不好玩"。我在社交活动时，许多人听说我是数学教师后，脱口就说"我最怕数学"。我给他们几道生活中的数学"好玩题"做，他们兴趣盎然，乐此不疲，纷纷对我说："我们当年有你这样的数学老师就好了，就不怕数学了。"我绝不是想说我有多厉害，其实我就是先从"数学好玩"入手，激发他们对数学学习的兴趣而已。这就告诉我们，在"数学好玩"方面还有很大的提升空间。

张景中院士主编的《好玩的数学》丛书，这套书为数学教师做出了榜样——数学院士们不仅写深奥的数学，也写"好玩的数学"。这可以很好地提醒教师，自己不知好玩的东西在哪里，又拿什么让学生"好玩"？

在"玩好数学"方面，我们数学老师做得好吗？

我建议数学教师去做一做《给数学迷的500个挑战性问题》这本书里的问题，检验一下自己"玩好数学"的水平，看看自己能"拿下"几题，并思考如何在教学中"玩好数学"。

当数学教师很不容易，"数学好玩"要求我们"深入浅出"，而"玩好数学"要求我们"浅入深出"。从"数学好玩"到"玩好数学"，需要数学教师坚持研修，把握好数学的横向联系和纵向深入，把握好数学的趣味性和拓展性，结合学生实际，让数学的"好玩"和"玩好"像知时节的

"好雨"适时润入学生的心田。

"好玩"是不易的！中小学的课是可以上得很有趣的，是可以很"好玩"的，但现今的课能够达到充分"引趣"境界的还不多。"引趣"是要有智慧和艺术的，"引趣"贵在用心挖掘，贵在浑然天成。当然，我们绝不能"为引趣而引趣"。

"玩好"也是不容易的！"引深"，是一种探索问题的方法，也是一种值得提倡的学习方法。在课改背景下，"引深"之路怎么走？我以为，合作学习、自主学习、探究学习都可以和"引深"挂上钩。

"问题是数学的心脏。"数学问题是由解题主体与数学习题系统组成的。因此，解题教学就成为决定教学成败的关键因素，数学解题教学应突出探索活动，探索活动不能仅停留在对原习题的解法的探索上，而应适当地、有机地对原习题进行深层次的探索，挖掘出更深刻的结论。

通过一般化将问题引深、通过类比将问题引深、通过丰富命题结论将问题引深、通过变换命题条件将问题引深、通过交换命题的条件与结论将问题引深，教师要善于引导，让你所教的班级具有"引深文化"，也就是要有"玩好意识"。另外，研究性学习与"引深"也有着密切的联系。研究性学习有课题式和渗透式两大类。课题式研究性学习的问题，一般情况下与课堂学习没有直接联系；而渗透式研究性学习问题是课堂学习的深化，课堂上某些"引深"的问题，再"引深"下去，就是渗透式研究性学习。

应当指出，数学教学要面向全体学生，所以，在教学中不能随意增加教材以外的内容，不能一味拔高。引深，应结合学生实际和所教内容的特点恰当地进行，逐步提高学生的学习兴趣，不断提高学生的解题水平。

引趣与引深和学段有关。引趣教学和引深教学不是截然分开的，小学也可以引深，高中也应该引趣，只是小学应该多一些引趣，高中应该多一些引深。引趣中有引深，引深中有引趣，两者相辅相成，有机结合，才能共同促进数学教学。

　　"深"与"浅"是相对的，每位教师在教学中都能进行，只要用心，就一定能"深入浅出"。

　　值得注意的是，"引趣"是要让所有学生都能感受到的，"引深"就不能要求所有学生一定都达到，这里有一个"度"的把握。"引趣"是一种境界，"引深"是略高一层的境界，而在"引趣"与"引深"之间把握好"度"就是一种理想的状态，需要灵活运用"引趣"和"引深"。

03. 深入与浅出

写文章或讲话，用浅显易懂的话把深刻的道理表达出来，这就是深入浅出。

把"深入"与"浅出"在教学方面做不同维度的思考，还是蛮有意思的。

深与浅，是形容事物状态的两种不同程度。教学也有深有浅，"深"可以是知识上的深厚、思维上的深度、方法上的深探……"浅"可以是表达上的浅白、理解上的浅易、形式上的浅显……

网络上有这样一段话：世界上有四种老师，第一种是讲课能深入浅出，很深奥的道理，他能讲得浅显易懂，很受学生的欢迎，这是最好的老师；第二种是深入深出，这样的老师很有学问，但缺乏好的教学方法，不能把深奥的学问讲得浅显易懂，学生学起来就费劲，这也算是好老师；第三种是浅入浅出，这样的老师本身学问不深，却实事求是，把自己懂的东西讲出来，这也能基本保证正常教学，也算是个好老师；最糟糕的是第四种老师，浅入深出，本身并无多大学问，却装腔作势，把本来很浅近的道理讲得玄而又玄，让人听不懂。

网络上的话，留给读者去思考，我这里就"深入"与"浅出"在更广泛的教学视域谈一些看法。

其一，唯有深入，才能浅出。

"深入"，就是要透过现象看本质，要理解和把握事物的本质和规律，这是一切科学研究的目标和实质所在，教师教学也不例外。

站在"用教材教"的高度，把握教材、吃透教材、激活教材、改组教材、拓展教材、超越教材，是深入；站在深化课改的高度，在基本备课的基础上，备透理念——融会贯通，备多用寡——左右逢源，备中研究——深层探索，备出意境——空谷传神，是深入；站在学科专业的高度，对典型问题一题多解的方法探索，对某类问题一题多变的关联探索，对一般问题一题多用的价值探索，是深入。

教师的这种"深入"，是"浅出"的基石，是"浅出"的储备，是"浅出"的资本。教师为了"浅出"，"深入"是需要修炼的，"深入"是需要"时刻准备着的"。唯有"深入"，才能"浅出"。

"浅出"，就是要立足于本质解释和说明现象，这是一切科学研究的基本功能，教师教学也是如此。

站在学生的角度，制定基本的教学目标、设定合理的教学环节、设计科学的递进层次，运用生动的具体事例，是浅出；站在认知的角度，面对复杂问题从简单情况入手，面对抽象问题从具体情况入手，面对一般问题从特殊情况入手，面对综合问题从分解情况入手，是浅出；站在学习心理的角度，尽量使用幽默语言，尽量进行实物展示，尽量遴选趣味问题，尽量通过玩游戏切入主题，是浅出。

教师的这种"浅出"，是"深入"的基础，是"深入"的铺垫，是"深入"的方向。教师为了"深入"，"浅出"是需要思考的，"浅出"是为了更好地"深入"。心有"浅出"，积极"深入"。居高才能临下，深入方可浅出。

其二，研要深入，教宜浅出。

理想的教师，应该是一个研究者。对自己所从事的学科教学有深入而精深的研究，形成独特的知识结构和能力结构，有较高的学术水准，有较强的研究能力，有一定的理论功底，有丰富的教育经验，有创造性的研究成果，在教学改革与教学实践方面有所建树，终而成为一名学科教学专家。

深入研究，提升精神的高度——把教育教学纳入研究的轨道，教师的精神视界必高；深入研究，保持思维的深度——坚持研究，思维往往处在活跃状态中；深入研究，拓展知识的广度——研究之后必会发现新的不足，"补足"的过程就是走向高水平的"足"；深入研究，具备透视的远度——研究不仅让教师看得深，而且让教师看得远；深入研究，追求探索的精度——要以精业的态度对待工作，没有研究是不行的；深入研究，改变眼界的角度——研究，让教师以全新的眼光审视教育问题；深入研究，超越自我的气度——教师走向"研究者"，研究的成果多了，研究的水平高了，就接近"学者"了。

研究让教育更精彩，"深入研究"为"教学浅出"创造条件。立足于"研究"基础上的"教学"，就有了"浅出"的资本，就应该谋划好"浅出"的路径和策略。"浅"也不是无底线的"浅"，"浅"到何处是佳境？唯有"研"者知晓。只有深入研究，才能浅出论道。

其三，深入浅出，由浅入深。

"深入浅出"用之于教学，在我看来，至少可以理解为把一个深奥的问题浅层次地提出、趣味化地表达，让学生听得明白、看得清楚、容易理解、不难下手、愿意探索，有"大道至简"之意境。

我们看一个具有"深刻数学"背景的"简单游戏"。

拓扑学，是研究几何图形或空间在连续改变形状后还能保持不变的一些性质的学科。我设计了一组可以和学生一起玩的涉及"数学拓扑"的游戏。

游戏 1：智取口杯。

给出一个带把柄的口杯和一条证件带，按下图摆放。

我用手抓住证件带的一端，另一端扣在口杯柄上，让学生把口杯取出来。

如下图，把口杯柄上的绳扣扩大，并将它套过口杯即可。

至少三年级的学生是可以玩这个游戏的，实践中，许多初中生思维定式，都不能"取出口杯"，还差点把绳子扯断。

游戏 2：智取三环。

给出一个带把柄的口杯和一条证件带，备三个圆形的闭环，按下图摆放。

我把证件带的一端固定死，另一端扣在口杯柄上，证件带上还放进三个圆形的闭环，让学生把这三个环取出来。

实践中，真有不少玩过"游戏 1"的学生，很痛苦地探索怎么把"三

16

环"取出来，当个别学生说出："这不就是游戏 1 吗?"有人还没搞清楚怎么回事。

能说出"这不就是游戏 1"的学生，在我看来就具有"数学素养"——能触类旁通，"看许多题是一题"。刚才还在苦苦探索的学生就要注意啦!

"这不就是游戏 1"的潜台词是：你把口杯取出来（游戏 1）后，"三环"不就很容易取出来了吗?

游戏 3：魔术针。

我给出下图的小道具——魔术针。

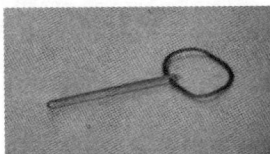

让学生把魔术针穿过衬衫的扣眼并把它系在扣眼上，如下图。系完后，进行还原拆解。

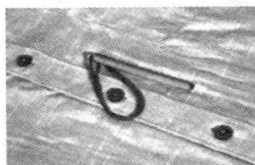

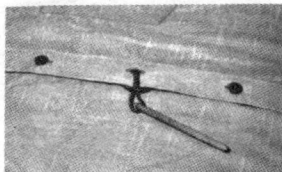

玩这种游戏，很难说小学生、初中生、高中生谁更厉害，玩这种游戏，玩的就是"素养"。玩过"游戏 1"的学生，如果有拓扑意识，会抽

象思维——把衣服抽象成"证件带"、把魔术针抽象成"口杯"，就会再次喊出："这不就是游戏 1 吗?"

反向脱解，也不是一件轻而易举的事，我在培训教师时，就有不少教师把魔术针系在扣眼上后，取不下来了。只好让魔术针挂在扣眼上，不好意思用手捂住来找我脱解。

游戏 4：智取衣服。

找一个证件带，把证件带扣在衣服的扣眼上，老师用手抓住证件带的一端，让学生设法把衣服取走，当然不能破坏扣眼。

如果学生能把衣服抽象成口杯，就能洞见"这不就是游戏 1 吗?"

游戏 5：智慧逃脱。

找一根长细绳，把细绳扣在我身上衣服的扣眼上，学生用手抓住细绳的一端，我问学生："老师能逃脱吗?"

有学生说："老师你把衣服脱下来，不就是上一题吗?"是啊！学生好厉害！

我逗学生："老师脱衣服不好看，老师不脱衣服可以逃脱吗?"

如果学生能把我抽象成杯身，把扣眼抽象成杯子的把柄，这个问题"不就是游戏 1 吗?"

游戏 6：结绳游戏。

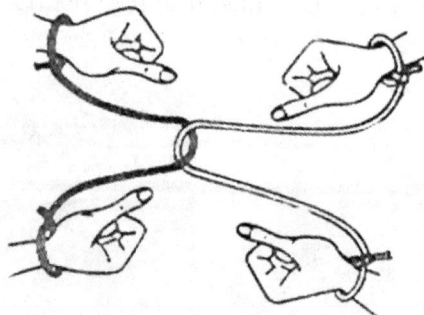

用"手铐"将两个学生交叉扣在一起，"手铐"不打开，两个学生能

分离开吗？

这个游戏的抽象度就比较大，小学生可以玩，玩出兴趣；中学生可以玩，不仅玩出兴趣，还要玩出高层次的抽象。

一只手上的"手铐"是一个"环"，我们可以把交叉过来的"链条"，从一方的一只手内侧穿过"环"，再绕过这只手的手掌，顺势轻拉，两人就脱离了。

读者朋友们，赶快找两根绳子做了个"手铐"，大家一起玩一玩。

游戏 7：解绳环。

给出一个如图所示的绳环，图中的人想把他手臂上的环取下来，但他不愿意把手从口袋里拿出来，也不愿意脱下马甲或者把绳环塞进口袋，那他该怎么办？

当然，老师若扮演"图中人"，能更吸引学生。

我相信，玩过前面游戏的学生，会很快解决这个问题。

第一步

第二步   第三步

游戏 8：T 恤反穿。

我会和每一届学生玩这个游戏：找一条软而结实的绳子，我的两只手腕被一根绳子系在一起（如下图），我穿着一件 T 恤，有没有什么办法，我能脱下 T 恤，把它的里面翻到外面，然后再穿上去呢？T 恤是没有扣子的，而且绳子不许解开，也不许剪断。

我想让学生再次感受"数学拓扑"，再次感受数学的神奇，再次激发学生学习数学的兴趣。

我按照如下的步骤，这件 T 恤就可以翻个面，全班学生惊喜、惊愕、惊叹。

（1）我把 T 恤拉过头脱下，这样一来它就翻了个面，让它里面向外地挂在绳子上，如图（1）所示。

（2）我把 T 恤从它一只袖子中塞过去，这样它又翻了个面。现在它正面向外地挂在绳子上，如图（2）。

（3）我逆着把 T 恤脱下来时的做法，再把 T 恤套过头穿上。这就让 T 恤第三次翻了个面，使它反面朝外地穿在我的身上。

T 恤反穿了。

我又问学生，刚才 T 恤胸前绣有学校名称的字样，在老师完成上述三个步骤以后，这些字样是贴着老师的前胸还是后背？

学生在玩游戏的过程中，不知不觉就学到了许多知识，比如上面的"T 恤反穿"所隐藏的知识就和"数学拓扑"有关，只是我们没有直接说"数学拓扑"，学生将来学到这个知识时，就立马反应过来了——我小时候玩过。

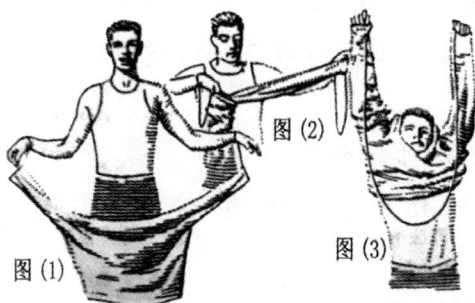

图 (1)　图 (2)　图 (3)

知识的获取，可以来自书本上，可以来自课堂中，也许来自"玩"的过程印象最深，学得更自然。

其四，浅出深入，探无止境。

面对一个非常浅显的问题，教师如果能因势利导，"步步为营"，与学生共同深入探究下去，就可以达到从"去问题教学"到"生问题教学"的境界，就可以让学生感受从无疑到有疑的路径，就可以引领学生去探索这个"浅显问题"的"深度走向"，就让学生经历了数学家探究问题的过程。

一辆汽车 P 从 A 沿半圆弧运动到 B，另一辆汽车 Q 从 A 沿两个等半径半圆弧运动到 B，见图1，两汽车运动速度相同，问哪辆汽车先到点 B？

这是一道小学生都会解答的智力题，容易通过计算得出 P、Q 同时到达点 B。绝大多数教师讲完此题就讲别的题了，不善于通过推广与变式把问题深化，失去了一次极好的训练创造性思维的机会。

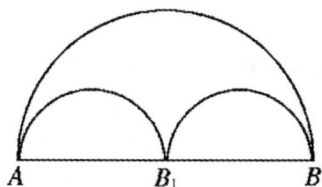

图 1

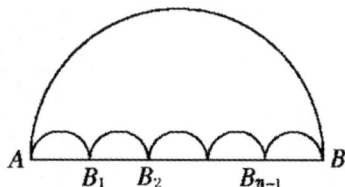

图 2

如果我看到这道题，我就会引导学生不断深化。

深化 1：把"两个半圆"改为"n 个半径相等的半圆"，情况如何？见图 2。

小学生可以证明，同时到达。

深化 2："线段 AB 上有 n 个半圆（半径允许不相等）"，情况如何？见图 3。

小学生仍然可以证明，同时到达。

深化 3：如图 4，图中凸多边形均相似，是否有

$$AD+DC+CB = AD_1+D_1C_1+C_1B_1+B_1D_2+\cdots+B_{n-1}D_n+D_nC_n+C_nB?$$

初中生可以用相似多边形性质，证明结论正确。

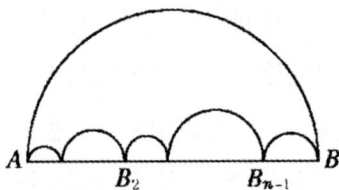

图 3

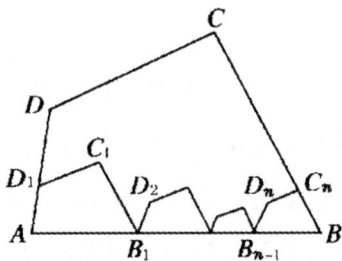

图 4

深化 4：如图 5，图中各"曲线段"相似，是否有曲线段 AB 的长等于 n 条小曲线段长的和？

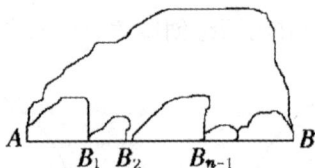

图 5

谁能证明？小学生证不了，初中生证不了，高中生也证不了，只有大

学生才会证，不过这个大学生要学了定积分之后，才能证明结论正确。

小学生、初中生、高中生，各自怀揣着梦想，去追求这个问题的"诗和远方"。

04. 纠错与融错

学生在学习中出现错误是常有的事，教学中的纠错是教师经常要做的事，许多老师总结了行之有效的纠错方法。

一是教师引导纠错。这一种形式是教师占据主导，由教师带领学生纠错，在教师的带领下学生快速发现自己的错误并改正。而教师引导纠错，又分为全班集体纠、班级小群体纠和个别纠。

二是学生自主纠错。这种方式在于让学生自己发现自己的错误，并利用已有的知识经验纠错。一些很显而易见的错误，适合用这种方式。

三是学生相互纠错。这种方式的理论基础是，当两个人掌握的知识点不同的时候，通过相互纠错，形成知识层面的互补。

说到具体的纠错方法，"百度经验"有一个总结，还是比较全面的，我录于下：

一是提问纠错法。这是一种常用的纠错方法，就是用提问的方式，引导学生一步一步地发现错误，从而找到错误的对立面，得到正确的分析和理解。这是将问题抛给学生，促使学生主动思考，从而发现错误，纠正错误。

二是表情设疑法。课堂教学中，有时面对学生的错误，教师直白地指出会伤害到学生的自尊心，挫伤学生的学习积极性。这种情况下，可能任何语言的运用都是不恰当的，这时候想要纠正错误又要保护学生的学习积极性，教师的表情就可派上大用场了。

三是幽默调侃法。幽默是教师与学生之间的润滑剂，也是教师智慧的表现。对于学生在课堂上出现的错误，教师在引导学生纠错辨错的过程中，倘若能运用幽默调侃的语言，其作用甚至可以达到事半功倍的效果。

四是角度转换法。课堂教学中，有时候学生的错误不管老师如何引导都无法解决时，若老师能换一个角度，变换一下方法，或许学生问题就可轻松解决。

五是激发参与法。在课堂教学中，面对学生的错误，教师应该给予帮助和指导。但是，有时教师直接过多纠正学生的错误，会挫伤学生的学习积极性，而激发学生主动地参与到辨错纠错过程中来，巧妙地纠错不仅能使学生形成良好的学习习惯，对学生的能力培养也是很有帮助的。

如果我们能从更高的角度来审视"错误"，考虑如何让"错误"不再成为"错误"，我们就会发现：错误，其实是一种可利用的教学资源；巧用错误，就能让学生自主探索成功之道；智用错误，就能积极培养学生的思维能力和创新意识。

错误，是教学资源的一种"源头活水"。善待错误，巧抓意外，让错误发挥潜在的价值；活用错误，化"错"为宝，演绎别样精彩生动的课堂；品评错误，尝试修正，在惊叹和惊喜中让学生体验"失败是成功之母"的过程。

让学生给自己编一本《错题集》，就是"利用错误"的一种做法。我曾经给我的学生写了如下一段话：

> 同学们做作业，难免会出现一些错误，存在错误说明学习中存在问题。对于作业中的错误，一定要做到认真分析，找出原因，及时纠正。上海有一位同学在介绍他的学习经验时说，他准备了一本《错题集》，把平时考试、作业中做错的题，全部记录在《错题集》里。他把各种错误分类、归纳，并附上正确的解答，经常翻看。这样，他在以后的作业和考试中，就不再犯以前的错误了。这位同学的做法很值

得借鉴，希望每个同学都给自己准备一本《错题集》。

学生作业中的错误怎么纠？

初为人师的我在批改学生的数学作业时，一般是按传统的批改方式进行批改，即发现学生作业中的错误总是在作业上给予订正，数字错了改数字，式子错了改式子，推理错了改推理，学生不会做的我也在作业上写出解答等。一句话，哪里有错，哪里"见红"。这样做，教师费了不少精力，而学生对错误的认识并不深刻。

教师批改作业的目的在于检查教学效果，了解学生掌握知识和技能技巧的情况，帮助学生纠正错误。学生对错误的认识和纠正错误，一般要有一个认识和纠正的过程：错在哪里——为什么错——怎样纠正——以前有类似的错误吗——今后如何避免这类错误。传统的批改方法则将这些过程由教师代替了，压抑了学生学习的主动性和积极性。至于学生是否真的弄懂错误之处，教师并不十分清楚。

后来，我在教学实践中逐步探索采用"数学再生作业"的方法，比较有效地克服了传统作业批改方式的弊端，收到了良好效果。"数学再生作业"就是教师在批改作业的过程中，发现错误并不直接修改，而是通过符号、提示、质疑、重做、"还原"、强化、借鉴、另解、引申、论文等方法，暗示其错误或错误的性质，或给出探索方向，由学生自己动脑动手，找到正确的答案，总结解题规律和解决新的问题。

感兴趣的读者，可以在我的《任勇：追求数学教育的真谛》（首都师范大学出版社）一书中读到具体的内容。

纠错，是纠正学生"所犯之错"。逆向思维一下，教师教学中，可不可以故意讲错呢？

可以的！著名数学特级教师华应龙的教学主张就是"融错教学"。

学生学习数学概念，解答数学习题，描绘函数图象，画出几何图形等，常常会出现错误。对于学生出现的错误或可能出现的错误，教师处理的方法往往有以下两种：一是发现学生的错误后，对错误之处进行数学辨析；二是教师根据以往的经验，在教学中将某一内容的错误归类，加以讲评、纠正，以防止错误的发生。这两种方法无疑是教学中可以采用的方法。但是，这两种方法的缺陷在于不能充分暴露错误过程，学生不能获得错误的心理体验。

我在教学中采用一种"有意差错"的方法——当年还没有听过"融错教学"一说，即在解题过程中，根据学生容易忽视或弄错之处，有意将解题过程"不露声色"地讲错，最后引出矛盾或说明解答是错误的，然后师生共同纠正错误。这样充分暴露了错误过程，让学生在"情理之中"惊呼上当，使学生加深对错误的认识，在知识上来一次再认识，在能力上得到一次再提高，从而达到预防错误、提高解题能力的目的。

我们来看几个具体的数学案例。

例1　在 $\triangle ABC$ 中，已知 $\sin A = \dfrac{3}{5}$，$\cos B = \dfrac{5}{13}$，求 $\cos C$。

解：由条件 $\cos B = \dfrac{5}{13} > 0$，可知 $0° < B < 90°$，

$\therefore \sin B = \sqrt{1 - \cos^2 B} = \dfrac{12}{13}$。

$\because \sin A = \dfrac{3}{5}$，$\therefore \cos A = \pm \dfrac{4}{5}$。

当 $\angle A$ 为锐角时，则 $\cos A = \dfrac{4}{5}$，

$$\cos C = \cos\left[180° - (A + B)\right]$$
$$= -\cos(A + B)$$
$$= \sin A \sin B - \cos A \cos B$$
$$= \dfrac{3}{5} \cdot \dfrac{12}{13} - \dfrac{4}{5} \cdot \dfrac{5}{13} = \dfrac{16}{65},$$

当∠A 为钝角时，则 $\cos A = -\dfrac{4}{5}$ ，

$$\cos C = -\cos(A + B)$$

$$= \sin A \sin B - \cos A \cos B$$

$$= \dfrac{3}{5} \cdot \dfrac{12}{13} + \dfrac{4}{5} \cdot \dfrac{5}{13} = \dfrac{56}{65} 。$$

至此，学生深信解答无误。这时，我说："解答错了!"学生惊愕："错在哪里?"

学生投入紧张的思考，一时找不出漏洞。

引导学生分析：

当∠A 是钝角时，由 $\sin A = \dfrac{3}{5} < \dfrac{\sqrt{2}}{2} = \sin 135^\circ$ ，

∴ ∠A > 135°。

∵ ∠B 是锐角，∴ 由 $\sin B = \dfrac{12}{13} > \dfrac{\sqrt{2}}{2} = \sin 45^\circ$ ，得∠B>45°。

∴ ∠A + ∠B > 180°。这与"三角形内角和等于 180°"相矛盾，所以∠A 不能为钝角。

正确的答案应该是 $\cos C = \dfrac{16}{65}$ 。

例2 已知 $x + 2y = 3$ ，求 $x^2 + y^2$ 的最小值。

解法 1：∵ $x^2 + y^2 \geq 2xy$ ，当且仅当 $x = y$ 时等式成立。将 $x = y$ 代入 $x + 2y = 3$ ，得 $x = y = 1$ ，

∴ $x^2 + y^2$ 的最小值为 $2xy = 2$。

解法 2：由 $x + 2y = 3$ 得 $x = 3 - 2y$ ，则

$$x^2 + y^2 = (3 - 2y)^2 + y^2$$

$$= 5y^2 - 12y + 9$$

$$= 5\left(y - \dfrac{5}{6}\right)^2 + \dfrac{9}{5} \geq \dfrac{9}{5} 。$$

$\therefore$ $x^2 + y^2$ 的最小值为 $\dfrac{9}{5}$。

"怎么？一个函数竟有两个最小值？"学生们十分惊奇。全班进入了一个新的境界，下面是师生的一段对话。

师：xy 是定值吗？

生：不是。

师：为什么？

生：因为满足 $x+2y=3$ 的变量有无数个，如当 $x=1$，$y=1$ 时，$xy=1$；当 $x=3$，$y=0$ 时，$xy=0$ 等。

师：很好！正因为 xy 不是定值，所以我们不能用 $x^2+y^2 \geq 2xy$ 来确定 x^2+y^2 的最小值。可以分析，解法二是正确的。我们再来看另一种解法。（略）

例3 已知 $A=\{y \mid y=x^2-4x+3, x \in R\}$，$B=\{y \mid y=-x^2-2x+2, x \in R\}$，求 $A \cap B$。

师：因求交集，故由

$$\begin{cases} y=x^2-4x+3 \\ y=-x^2-2x+2 \end{cases}$$

消去 y，得方程 $2x^2-2x+1=0$

无实根，因而 $A \cap B = \Phi$。

画出两条抛物线的图象，可以看到确实没有交点。

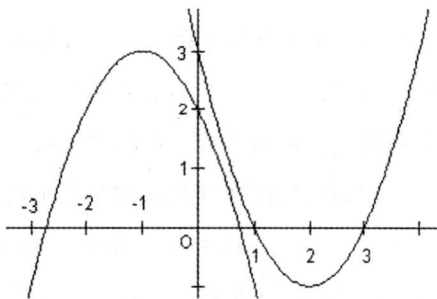

生：（个个在认真记笔记，没有异议。）

师：看不出这个解答有什么问题吗？

生：（小声议论，仍未发现有什么问题。）

师：解答错了！既有知识性错误，又有心理性错误。知识性错误是未弄清 A、B 元素是什么，把"数 y"误认为"数对 $(x，y)$"，把"值域"误认为整条抛物线。心理性错误是未认真审题，凭老习惯，认为交集就是解方程组，就是找曲线的交点。

生：（不好意思地笑了。）

师：其实本题是求值域的交集。

进一步引导学生求得 $A \cap B = [-1, 3]$。

顺便说明的是，"有意差错"在同一课堂中不宜用得过多，否则就会影响课堂教学效率。另外，教师在解题过程中，如果学生能及时指出错误步骤，教师要给予鼓励和表扬。

"有意差错"，说白了就是"故意讲错"。记得初为人师时的一次"有意差错"，由于"错得"太逼真，又有意放到下节课"纠错"，学生回家后又和作为数学教师的家长探讨，竟被误认为我的课"犯了科学性错误"。当然，当时我并不知道我背后"有此一论"。

若干年后闻知此事，我哑然一笑，"发愤"要写一篇关于"有意差错"的文章，希望那位数学老师能看到我发表的这篇文章。

课改的今天，教学评价环境对"有意差错"就十分有利了。一方面，已有不少老师践行于此；另一方面评价者的"境界"也提高了。

当然，今天对"有意差错"的要求提高了，"有意差错"还要进一步走向智慧、走向艺术、走向"无痕"。

李如密教授在《课堂教学艺术新论》一书中，专门写了"课堂教学故错艺术"一章，其中就教师的"知错犯错"艺术的具体策略提出：抓关键，设陷阱；巧犯错，引注意；诚改错，共澄清。

05. 讲透与留白

师者，传道、授业、解惑者。传道要讲，授业要讲，解惑也要讲，教师上课就是要讲，把要讲的东西讲透，是教师的基本功。

一堂课，教师究竟要讲多久？传统教学中"以教师为中心"的"满堂灌"，显然是有问题的，课程改革背景下，一些学校对教师讲课时间进行了限制，在"以学生为中心"观念的影响下，让学生"包打天下"，一切由学生去探索去发现，"少教多学"占了上风，教师不能成为课堂教学的主导，而是参与者、对话者和助学者。

这样做，会不会是从一个极端走到另一个极端呢？

我以为，影响课堂教学的因素很多，不宜用整齐划一的模式去管控。不同年龄的学生，教师怎么讲？相对来说，低年级的就可以多讲一些。不同学科的教学，教师怎么讲？相对来说，抽象的、有难度的就可以多讲一些。不同课型的教学，教师怎么讲？相对来说，新概念课、新方法课就可以多讲一些。不同资历的教师，课该怎么讲？相对来说，新教师、年轻教师就可以多讲一些。其实，只要是教师的"讲"能让学生处于积极思维的状态中，就可以"讲"，讲清、讲趣、讲深，有时甚至可以"一讲到底"。

魏勇老师的《怎么上课，学生才喜欢》（中国人民大学出版社）一书中，就有《有时，讲是最有效的教学方式》一文，文末的这段话我很赞同："兵无常形，教无常态，因时而化，顺势而为，忘掉所有的教育理论，去掉所有的条条框框，从有招到无招，从按部就班、精雕细刻到随心所欲而不逾矩。一句话，大道至简，这是我所追求的教师境界。"

要"讲透"，先要讲清。讲清知识的来龙去脉，讲清方法的本质规律，讲清问题的破解路径，讲清学习的基本策略……要讲透，也要讲趣。就是要讲得生动有趣，讲得有声有色，讲得深入浅出，讲得循循善诱……要讲透，还要讲深。就是对学科思想和意义的理解和掌握，就是对知识深度学习而不是无限增加知识难度，就是实现从知识的表层走向知识的内涵的教学……

当然，"讲透"并不是一定要在一节课里完成，教师可以根据具体情况，在一段时间内循序渐进，"逐步讲透"。

说到"讲透"，我们这里引进一个新的研究领域——教师教学诠释能力，即教师能够诠释出教学过程中蕴涵的深层次的、符合时代精神的知识、能力、情感、态度、价值观的能力。教师要真正地"讲透"，其教学诠释能力，至关重要。

李如密教授在《课堂教学艺术新论》（福建教育出版社）一书中，专门有一章《课堂教学诠释艺术》，读者不妨找来一读。

我这里摘二小段：

一方面，教师诠释的目的不是为教师自己对文本的理解，也不是把自己的诠释硬性地塞给学生，而是从有助于学生理解和接受的角度诠释文本，并提高学生对文本的诠释能力。另一方面，学生不会不加选择地把别人的意愿和意识形态内化为自己的思维结构，我们也没有理由把今天的视角复制到下一代的头脑中，他们有着自己的"视域"，从而对文本有自己的诠释。

在此情形下，教师与学生的诠释都有他们各自所要达成的不同目标，为避免冲突而达成和谐一致，需要师生不同"视域"之间的融合，在这种融合的过程中实现师生精神世界的拓展和人生经验的增长，这就是教学诠释艺术的最高境界。

看来教师"讲透"也仅仅是教师自己对文本的诠释，只有学生将自己对文本的诠释和教师的诠释有机融合时，才能达到一定程度上对文本的理解。

教学是一门艺术，教师"讲透"是一门艺术，教师有意"不讲透"——从某种意义上说就是"留白"，"留白"也是一种很值得探索的教学艺术。

说到"留白"，我们容易想到中国画，简约的风格，淡雅的线条，墨色五分的画面中留下一方"空白"……无画处皆成妙境，给人留下无限遐想的空间。有道是："恰是未曾着墨处，烟波浩渺满目前。"

《红楼梦》写黛玉临终时高叫："宝玉，宝玉，你好……"便浑身冷汗，不作声了，一缕香魂飘然而去。你好什么？"空白"，一言难尽，此时无声胜有声，让人回味思索：你好糊涂？你好狠心？你好快活？你好没良心？……

艺术创作和文学创作中的"空白"，对教育教学的启发是：在教师包办太多的今天，给学生留下自由思考和自由发展的"空白"，既显得十分重要又需要有师者之智。

教学"留白"，指不直接通过讲述的方式明确将一些学习内容（包括知识传授、思维方法和探索路径等）告诉学生，而通过提出问题（包括疑问、反问、追问、质疑等）布置任务、讨论交流等方式留下"空白"。

教学"留白"的心理学基础是格式塔心理学的"完形说"：不完全的形呈现于人的眼前，会激起人们追求完整、追求和谐的强烈欲望，会激发人们去参与"补充"，使之趋于"完整"。这种对"完形"结构追求的现实会让人达到内心的平衡和一种身心的愉悦感受。教学"留白"，能激发学生的主体意识，促进学生主动思考和探索，让教学的"完善"和"完满"由学生来完成，从而使教学效果得到切实的提高。

教学"留白"，留于何处？广义的"留白"，可以是知识上的、方法上的、思维上的、情感上的，也可以是语言上的、板书上的、画图上的、操作上的，还可以是时间上的、空间上的等等。

教学"留白"，可以在导课留白，也可以在结课中留白；可以在讲课中留白，也可以在解题中留白；可以在提问中留白，也可以在质疑中留白；可以在问题的特殊性中留白，也可以在问题的一般性中留白。换言之，教师不要把自己的"笔墨"触及教学的每个角落，反之，教学的每个角落都是可"留白"之处。师者，请不要再占用整节45分钟的课，留点时间和空间给学生，就留给学生发现和探寻的机会，学生在教师的"留白"中走向真正意义上的成长。

教学"留白"是"双刃剑"，充分把握学生的心理和性格特征的教学"留白"就能产生良好教学效果，教师盲目性、凭兴致、想当然的教学"留白"，就可能带来麻烦；既然要"留白"，就要给学生留下足够的探索和展示的时间和空间，不能象征性地"短时留白"，教师急于"补白"；不要为"留白"而"留白"，让恰到好处的"留白"成为点燃学生智慧的火种，好的"留白"是体现教育智慧和价值的"留白"。

张先华老师在《先进的教育策略》一书中专门写有一章《让学生动起来的策略：教学艺术的空灵之美》，这里的"空"是"空白"，是广义上的"留白"。张老师说："留有空白的艺术比缺乏空白的艺术具有更大的内蓄力、暗示力和诱惑力，也具有更强的艺术效果。"艺术如此，教学亦然。空灵空灵，能空则灵；教师能空，学生则灵。

郑金洲教授在《课堂教学的50个细节》一书中说了《"留白"的板书》存在的一个要注意的问题：

老师在黑板上列出了主题了，然后就静等学生回答，学生的回答如果与板书设计不符，答案就不会出现在黑板上，直到有学生说出正确的答案或解释时，教师这才落笔，将这一与自己事先预设的答案或解释相符的写在黑板上。这种"留白"的板书，在语文课上多有出现，在其他学科中也不同程度存在着。

……

但问题是，是不是我们只能在黑板上书写事先想好的答案或解释，学生随机出现的答案、解释乃至学生做出的错误回答，是不是就不应该在板书上出现呢？在我看来，有些情况下应该出现。

……

有的老师之所以在板书上"留白"，可能是出于板书工整、美观的考虑。因为学生各种各样的答案都呈现的话，也就意味着板书有些"杂乱无章"了，美学效果就无法体现了。这里需要强调的是，板书是学习的工具，教学的手段，而不只是展示的平台，它要为教学服务，为学生学习服务。如果"杂乱"有助于学生学习活动的深入，就应该将"杂乱"进行到底；如果"工整"限制了学生的学习和教学目标的达成，就应该将"工整"降于次要的位置。

是啊！"留白"的完善，可以有一个"杂乱"的过程。充满生机的"留白"绝不是"按既定方针办"，而是动态生成、灵活开放的"留白"。

06. 师讲与生讲

　　学校里说的"讲课"，其实是"教师讲课"的简称。课，一般是由教师来讲的。教师毕竟是系统学过学科专业知识和教师教育专业知识的人，还经历过教育实习的教育实践。教给学生的知识，是教师知识系统中的小小的一部分；培养学生的能力，教师是建立在一定教育心理理论基础上的；渗透学习方法，教师是运用学习科学理论来指导学生科学地学习；教学达成情感、态度、价值观的目的，教师是经历课改培训的；走向核心素养的教学，教师就必须学好学生综合核心素养和学生学科核心素养相关要求。

　　简而言之，教师是教育教学的专业人员，"讲课"理应由相关专业人员来完成。但课堂不是教师独有的，而是师生共享的。课堂是师生互动心灵对话的时空，课堂是师生唤醒各自潜能的时空，课堂是师生共同创造奇迹的时空。课堂是面向每一颗心灵敞开温情的怀抱，课堂是点燃每一位学生思想智慧的火把，课堂是情感态度价值观激情迸发的舞台。课堂随时都有意外的通道和美丽的图景，课堂最显眼的标志是平等、民主、安全、愉悦，焕发出生命活力的课堂才是理想的课堂。学生走进课堂满怀希望，面对问题；学生走出课堂充满自信，怀抱好奇。

　　师生互动，就应有学生的"一席之地"。这"一席之地"就包括可以"让学生讲"，可以讲个片段，也可以多讲一些，"讲"的极致就是让学生上一节课。

　　让学生当一回教师未尝不可，可以是整节课由学生来上，老师适当点评；可以是由几个学生一起上课，老师点评；也可以是学生和老师共同上课，老师讲一段，学生讲一段。通常的情况是，讲评问题时，若学生有好的解法和好的想法，教师就可以顺势说："请某某同学上来讲一讲他的解法（或想法）。"

学生听课与学生上课，所带来的影响和效应大不一样。学生当了一回"小老师"，往往终生难忘。学生为了上好课，为"传播"而进行的学习是积极而深刻的，打破了教师上课的神秘感。走上讲台本身就是一种来自教师或学生的赞赏，当过"小老师"的学生日后听起课来"别有一番感受"。底下听课的学生，平时听惯了老师的课，偶尔听同学的课，既感到新鲜又特别敬佩，听起课来自然兴趣盎然。听课的学生，往往有"人家都能当'小老师'啦，我们没理由学不好"的想法，学习之效也明显提高。

哪些课宜让学生上？

一是内容相对容易的课，可以考虑让学生上；二是开放性的课，没有绝对标准的答案，可以考虑让多个学生一起上；三是带有操作性的课，探索"真理"有个逐步完善的过程，可以考虑让多个学生一起上；四是作业或试卷讲评课，由于学生解答"异彩纷呈"，更可以考虑让学生上；五是一些有独特性的内容或专题选修内容，可以考虑让对这块内容有研究的学生来上。

让学生当一回教师应注意哪些问题？

一是宜鼓励学生当一回"小老师"，倡导"当一回老师，对学习的体会是不一样的"氛围；二是宜让学习成绩中上且表达清晰的学生先当"小老师"；三是可以有意识地让部分学生利用暑期进行自学，就某一内容先行研究、先做准备；四是可以适当组织学生"小组攻关、集体备课、组内竞争"的形式，产生"优者"走向讲台；五是教师可以介入学生备课过程，并给予一定的指导；六是学生的教案教师要过目，在谨防科学性错误的前提下优化教案；七是让学生单独授课不宜过频，教师一定要把握好

"度"；八是以师生互动形式让学生上台讲解，是可以经常进行的教学活动；九是教师要善于抓住"中下学生"的某些特长或某次"闪光"，及时"推"他们上讲台；十是教师对学生授课中的错误，宜启发或引导"小老师"发现问题，自我纠错，即使最后由教师纠错，教师的语言应当"平和而友善"。

"我让学生当老师"的几个案例：

案例1：刘星上"勾股定理"

刘星同学是我班上数学学习的"男一号"，让他来上课是"理所当然"的事，我让他上"勾股定理"。

没想到刘星说"勾股定理"的简单证法书上有，给大家看2分钟后，大家合上书自己证明一遍，"刘老师"没讲什么，学生竟然都会证了。

"刘老师"话锋一转，说："其实，'勾股定理'还有很多证法。"

"刘老师"讲完一些证法后，让同学做一些练习，巩固效果。

课快结束前，"刘老师"说："'勾股定理'告诉我们，以直角三角形两条边为边所作的两个正方形的面积之和，等于以斜边为边所作的正方形面积。因此很容易提出这样一个'猜想'：以直角三角形的三边为对应边，所作出的其他各种相似图形，是不是也具有这种关系呢？"

事实上，同学们课后容易从下列图形验证"猜想"的正确性，但严格的证明，要等到同学们学完"相似形"之后。

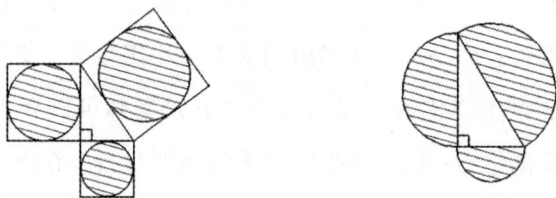

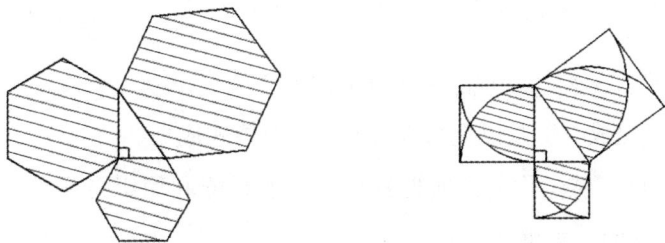

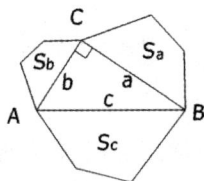

案例 2：两生合说"组合恒等式"

由两位学生合作上课，讲一道组合恒等式的证明，题目为：

$$C_n^1+2C_n^2+3C_n^3+\cdots+nC_n^n=n \cdot 2^{n-1}$$

学生"双簧"表演如下：

生 1：可以考虑用组合公式法证明。

$$左式 = n + 2 \cdot \frac{n(n-1)}{2!} + 3 \cdot \frac{n(n-1)(n-2)}{3!} + \cdots + n \cdot \frac{n!}{n!}$$

$$= n\left[1 + (n-1) + \frac{(n-1)(n-2)}{2!} + \cdots + \frac{(n-1)!}{(n-1)!}\right]$$

$$= n\left[C_{n-1}^0 + C_{n-1}^1 + C_{n-1}^2 + \cdots + C_{n-1}^{n-1}\right]$$

$$= n \cdot 2^{n-1}。$$

生 2：有了你的启发，也可以考虑用分析法证明。

欲证原式成立，只需证明 $\frac{1}{n}C_n^1 + \frac{2}{n}C_n^2 + \frac{3}{n}C_n^3 + \cdots + \frac{n}{n}C_n^n = 2^{n-1}$，

即证 $1 + (n-1) + \dfrac{(n-1)(n-2)}{2!} + \cdots + \dfrac{(n-1)!}{(n-1)!} = 2^{n-1}$,

即证 $C_{n-1}^0 + C_{n-1}^1 + C_{n-1}^2 + \cdots + C_{n-1}^{n-1} = 2^{n-1}$

上式显然成立，且以上每步可逆，故原等式成立。

生 1：哇！感觉你的证明挺轻松的！如果能利用组合递推公式 $kC_n^k = nC_{n-1}^{k-1}$ 进行证明，也挺简洁的！

$$左式 = nC_{n-1}^0 + nC_{n-1}^1 + nC_{n-1}^2 + \cdots + nC_{n-1}^{n-1}$$

$$= n(C_{n-1}^0 + C_{n-1}^1 + C_{n-1}^2 + \cdots + C_{n-1}^{n-1})$$

$$= n \cdot 2^{n-1} 。$$

生 2：看来适当记住一些常用的组合递推公式还是蛮有好处的！不过好方法也许更有价值——请看"倒序法"。

设 $S = C_n^1 + 2C_n^2 + 3C_n^3 + \cdots + nC_n^n$ ①

又 $S = nC_n^n + (n-1)C_n^{n-1} + (n-2)C_n^{n-2} + \cdots + C_n^1$

$$= nC_n^0 + (n-1)C_n^1 + (n-2)C_n^2 + \cdots + C_n^{n-1}$$ ②

①+②，得 $2S = n(C_n^0 + C_n^1 + C_n^2 + \cdots + C_n^n) = n \cdot 2^n$ 。

$\therefore S = n \cdot 2^{n-1}$ 。

生 1：还真有价值！其实，这个问题我们还可以用数学归纳法来证明。（此略）

生 2：那当然！

教师点评：上述证法，法 1 法 2 比较自然，法 3 法 4 颇具巧思，法 5 较为机械。同学们学了微积分之后，还可以用微分法进行证明。

案例 3：苏承讲"扑克牌算 24 点游戏"

苏承同学是班上的"算 24 点"高手，我专门请他讲"扑克牌算 24 点"。

苏承讲了一些基本算法后，就让同学们做一些训练，先做一些简单题，之后苏承有意给出一些有难度的题让同学们做，许多同学算不出来。这时苏承说，这些"难题"是我编的，大家看看我是如何编题的。

前面的游戏是给出牌组，我们设法给出算式，这种游戏是随机的。我们能否编些有一定难度的牌组，"为难"大家，如果能让老师也算不出来，那就太妙了！

要编有一定难度的牌组，大致可从以下几个方面入手。

一是从"大数"入手考虑编题。

扑克"算24点"，较大的数往往较少考虑到，可从此处入手考虑编题。

例1：①牌组（7，8，8，10）；②牌组（5，9，10，J）；③牌组（8，8，8，J）；④牌组（2，3，K，K）。

解答（仅提供一种）：

①$10×8-7×8=24$；②$5×9-（10+J）=24$；③$8×J-8×8=24$；④$3×K-（2+K）=24$。

二是从"分数"入手考虑编题。

扑克"算24点"，分数往往较少考虑到，可从此处入手考虑编题。

例2：①牌组（2，5，5，10）；②牌组（2，2，K，K）；③牌组（6，9，9，10）；④牌组（2，4，7，Q）。

解答（仅提供一种）：

①$（5-2÷10）×5=24$；②$（2-2÷K）×K=24$；③$10×9÷6+9=24$；④$Q÷（4-7÷2）=24$。

当然，"算24点"高手对解答④会说："我有更好的解答！请看：$4×（7+2）-Q=24$。"

真厉害！我们编题虽然"失败"，但也得到一种不错的解答。

三是从"凑数"入手考虑编题。

扑克"算24点"，有时可以先抓住某个数，再找另外的三个数，用不易想到的方法"凑"出所要的数，得到一个牌组。

例3：①先定下数6，要凑4，有（9＋7）÷4＝4，得到一个牌组（4，6，7，9）；②先定下数8，要凑3，有（K＋8）÷7＝3或（10＋J）÷7＝3，得到两个牌组（7，8，8，K）、（7，8，10，J）；③先定下数Q，要凑2，有（7＋9）÷8＝2或（7＋K）÷10＝2，得到两个牌组（7，8，9，Q）、（7，10，Q，K）。

四是从"公因数"入手考虑编题。

扑克"算24点"，有时可以先抓住某两个相同的数，让其成为"公因数"，再用另外的两个数凑出另外一个需要的数，得到一个牌组。

例4：①先定下两个数8、8，要用两个数凑3，有Q－9＝3，得到一个牌组（8，8，9，Q），算式为：8×Q－8×9＝8×（Q－9）＝24；②先定下两个数Q、Q，要用两个数凑2，有9－7＝2或J－9＝2，得到两个牌组（7，9，Q，Q）、（9，J，Q，Q），算式分别为：Q×9－Q×7＝Q×（9－7）＝24、Q×J－Q×9＝Q×（J－9）＝24。

苏承的课，不仅同学爱听，也给了我很大的启发。我们老师上课，是少有把自己编题的过程告诉学生，甚至觉得这是"秘密"，但苏承就敢，其实把编题的过程告诉学生，其教学价值是可以深入探索和研究的。

由"让生上课"这一思路"想开去"，竟让我产生如下一些想法：

一是能否让家长来上课？有些家长本身就是某一方面的专家，或是高校的教师，完全可以挑选一些内容请家长来上，沟通得好，绝大多数家长是非常乐意来上的。

二是能否让本校其他教师来上课？有些教师在某些方面有所钻研、造诣颇深，讲到这方面内容时，完全可以"放下面子"请这位教师"现身说法"，只要以诚相待，相信这位教师也是非常乐意来上的。

三是能否让校外教师来上课？校外一些教师，或是特级教师，或是在某一方面"有专攻"，或是某个内容教学有特色，我们可以事先相约，届时请这位教师来为我们的学生授课。

四是能否让其他专家来上课？有些专家，他们在生产实践或工作研究中，或多或少地运用了某学科的知识分析问题、解决问题，我们就可以请他们走进校园，让他们结合学生所学知识，把他们运用知识和方法的心得讲给学生听。

07. 动脑与动手

"人生两个宝，双手与大脑。动脑不动手，快要被打倒。动手不动脑，饭也吃不饱。手脑都会用，才算是开天辟地的大好佬。"陶行知这首脍炙人口的《手脑相长歌》，道出了手和脑统一的重要性，也体现了知行合一的教育思想。

"人有两件宝，双手和大脑。双手会做工，大脑会思考。用手不用脑，事情做不好。用脑不用手，想到做不到。手脑都能用，才会有创造。"我没有考查这"新版"的出处，不过两首"歌"从正反两个方面都强调了"手脑并用"的重要性。

我国中小学生负担过重是不争的事实，但存在不该重的负担过重了，该重的负担没有重起来。智育负担重，四育（德、体、美、劳）负担轻；动脑负担重，动手负担轻；左脑负担重，右脑负担轻；记忆负担重，思维负担轻；作业负担重，活动负担轻。负担不均，贻害无穷。

我们的学生"动脑有余"，如果我们能让学生的"动手不足"变为"动手充足"的话，那我们就是"开天辟地的大好佬"。

第一，外国教育十分重视学生动手能力的培养。

日本的学生动手能力较强，在他们的学生时代就可以承担一定的家庭义务。原因在于日本十分重视学生的动手能力，并且着重在幼儿园和小学开设类似培养学生动手能力的课程。中国的学生参加各种各样的兴趣班，相对而言兴趣班中涉及动手能力培养的不多。

美国家庭一般都有车库，而车库往往就是家庭作坊的车间，手动、电动工具都有，美国家庭要做、要修什么，一般就在这里完成。美国的家长们都是这样做的，孩子在这种环境的熏陶中，也学会了这样做。大多数美国孩子，在他们成年时，多少都会有一点自己做的动手能力。

洪莉在《德国工程师是怎样炼成的》一文中写道："中国知识分子是不会动手也不屑动手的，而在德国，男人都是工人！""德国人的独立能力、创造能力、动手能力并非天生，而是来自德国教育理念和方式的培养。"德国工程师，就是这样炼成的。

第二，儿童的智慧在他的手指尖上。

苏霍姆林斯基说过："儿童的智慧在他的手指尖上。"在手和脑之间有着千丝万缕的联系，手使脑得到发展，使它更加明智；脑使手得到发展，使它变成创造的、聪明的工具。人的思维和想象靠大脑，人的行动和技能靠双手，只有坚持"手脑并用"，才能更好地做好每一件事情。

中国学生的动手能力，有的是从学校开设的兴趣小组或社团里学的，如航模小组、创造发明小组等，有的是受家长影响的，如木工的孩子会一点木匠活，但教师有意识地培养学生的动手能力，基本上没有这个氛围，更没有这种文化。

多数教师让学生专心读书，考试基本上不考"动手"，担心动手多了影响学习，造成学生动手能力差。我们说学生"高分低能"，至少可以说我们的学生"动手"是低能的，"想到做不到"的学生能走远吗？

第三，鼓励家长给孩子一个敲打的空间。

学校和社会正在为青少年动手能力的培养创造条件，家长一方面应鼓励孩子参加学校有关"动手"社团的活动，用好社会场馆（如科技馆）里的"体验空间"，另一方面在家庭里也让孩子"动起手来"。

我到过许多为孩子提供良好环境的家庭，有孩子独立的整洁的房间，有漂亮的书桌和整齐的装满书的书架，但我没有看到谁为孩子准备一张可以在上面"加工""敲打""创造发明"的桌子，更没看到哪个孩子敢在墙上"涂鸦"。

我小时候，家里的门框，就是单杠；家里的墙，就是"写字板"；家里的饭桌，也是乒乓球桌。我们就在这样的"世界"里"茁壮成长"。

因此，我们对小孩的房间，只进行简单的装修。小孩房间里的墙，任由她画，任由她贴，她画过唐老鸭，她贴过周杰伦，她可以在墙上钉钉子，挂些她喜爱的东西。

小孩房间里，还有一张破旧的大桌子，上面放着许多工具，还有许多木板、铁皮、硬纸板、泡沫板、铁钉、胶水之类的东西，她可以做个玩具，钉个板凳，搭个小屋。记得有一次，我让她配把锁匙，她经过几天的敲打、挫磨，终于用自己做的锁匙把锁打开，打开的一瞬间，她激动万分，她在享受成功的快乐。

第四，学会在动手中动脑。

我们鼓励学生动手，我们更期盼学生学会在动手中动脑。

举个例子：把两个正方形剪拼成一个大的正方形，并且要求剪的块数最少。

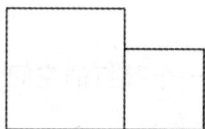

这是要动手操作的问题，拿着剪刀剪呗，如果不动脑，学生将进入

"无序的乱探索"之中，很难解决问题。动脑，就是想一想该怎么剪？设正方形边长分别为 a 和 b，那么拼成的小正方形边长为 $\sqrt{a^2+b^2}$，这样就可以在上图中去找这条线段，下图是一种剪法。至于拼，也是要动脑的，让学生试一试吧。

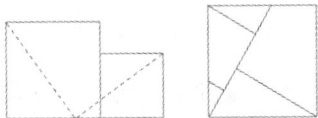

第五，学会在动脑中动手。

学生在学习中"用脑"多，"纸上谈兵"也多，谁不知"纸上谈兵终觉浅"，但"绝知此事要躬行"的"躬行"者极少。换句话说，学生在"动脑"做题时，很少把题中涉及的物件"动手"做一个出来。如果学生"动手"做一个出来的话，这是在给大脑"充电"，这会给学生带来更大的收获。

也举个例子：圆 A 的半径为圆 B 的半径的三分之一，圆 A 从图中所示位置出发绕圆 B 做无滑动的滚动，问多少圈后圆 A 的圆心才第一次返回到它的出发点？（ ）。

(A) $\dfrac{3}{2}$ (B) 3   (C) 6   (D) $\dfrac{9}{2}$ (E) 9

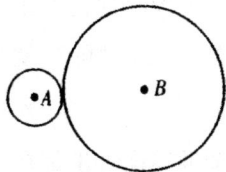

本题是美国主管高校入学考试机构命的一道题，命题者给出的标准答案是（B）。出人意料的是，考生托尼竟指出供选择的五个答案都是错误

47

的，正确的答案是4圈。托尼做了一个物件，验证给考官看，果然是4圈！

我真希望我们的学生，遇到类似的问题的时候，也会动手做一个物件出来。给学生开辟一个"动手平台"吧！学生在"敲打"中激发了兴趣，学生在"破坏"中产生了好奇，学生在"折腾"中发现了秘密。"动手平台"，是学生放飞思维的园地，是学生灵性生长的地方。

我近期出版的《动手玩的数学益智游戏》一书的副标题是"思维是可以玩出来的"，我认为，"玩"能让学生既动手也动脑。

马丁·加德纳在其《数学游艺场》一书中这样说："唤醒学生的最好办法是向他们提供有吸引力的数学游戏、智力题、魔术、笑话、悖论、打油诗或那些呆板的教师认为无意义而避开的其他东西。"事实上，有经验的数学家开始对任何问题做研究时，总带着与小孩子玩新玩具一样的兴致，先是带有好奇心，在秘密被揭开后又会产生发现的喜悦。

我还认为，数学不仅是一门科学，也是一种真正的艺术和游戏。数学史上经常出现这种情况，思考一个像游戏似的有趣问题，往往会产生新的思维模式。一方面，有许多游戏的例子能够说明探索数学、游戏或智力问题所需要的思维过程的相似性。一本很好的数学游戏选集能使任何水平的学生都能从最佳的观察点面对每一个问题，这样的好处很多：有益、直观、动力、兴趣、热情、乐趣……另一方面，数学与游戏的结构相似性允许我们在开始进行游戏时，可以使用在数学情境中十分有用的同样的工具和同样的思维。

如何发展学生的思维？有多种路径，多年的教学实践经验告诉我，中小学最宜在"玩中学，趣中悟"。这"玩"就是"动手"，这"悟"就是"动脑"。

我们随便找一本类似《全世界优等生都在做的思维游戏》的书，这些游戏包括算术类、几何类、组合类、推理类、创造类、观察类、想象类等各种形式，能帮助游戏者提高观察力、判断力、推理力、想象力、创造力、分析力、计算力、反应力等多种思维能力。我们不难发现，思维游戏几乎是数学游戏，数学游戏发展学生思维。精彩纷呈的游戏，让学生在享受乐趣的同时，彻底带动学生的思维高速运转起来，让学生越玩越聪明。

课改新理念告诉我们，课程改革的核心是改变教师的教学方式，教师教学方式改变的核心是改变学生的学习方式，学生学习方式改变的核心是改变学生的思维方式。而众多数学家说："思维是玩出来的!""动手"玩的数学益智游戏，就是带着"动脑"（思维）而玩的游戏。

凡是"动手"玩的游戏，学生绝大多数"爱不释手"；学生亲自体验，在体验的实践过程中感受"趣中学"；不同的"动手"玩的益智游戏，给学生个性化学习创造了机会。就数学学科而言，不论哪个学段，"数学思维"都是核心中的核心，而"动手"玩的每一个益智游戏，都能"深化数学之思维"。

抽象的数学，已经可以让学生"动手"玩起来了，在玩中还必须积极"动脑"。想必其他学科也能创新地开辟出让学生"动手"的新天地，进而达成学生"动脑"的新境界。

08. 旧媒与新媒

教学媒体是教学内容的载体，是教学内容的表现形式，是师生之间传递信息的工具，如实物、口头语言、图表、图像以及动画等。教学媒体往往要通过一定的物质手段来实现，如书本、板书、投影仪、录像和计算机等。

旧媒，这里指的是传统教学媒体；新媒，这里指的是现代教学媒体。

现代教学媒体是相对于传统教学媒体而言的。传统教学媒体一般指黑板、粉笔、教科书、三角板、圆规、扑克牌、棋子等。现代教学媒体主要指电子媒体，由两部分构成：硬件和软件。硬件指与传递教育信息相联系的各种教学机器，如幻灯机、投影仪、录音机、电影放映机、电视机、录像机、电子计算机等。软件指承载了教育信息的载体，如幻灯片、投影片、电影胶片、录音带、录像带、光盘、网络资源等。

新媒给教育带来了全新而深刻的革命，在很多方面是旧媒无可比拟的，新媒下的教学有着迷人的广阔前景。

魏忠老师早在《教育正悄悄发生一场革命》一书的封面上提醒："面对新一轮教育信息化的浪潮，我们是围观、等待、抵制，还是逐浪前行，甚至在浪尖上起舞？一场教育革命正在上演，你准备好了吗？"也许我们正在准备，还没有完全准备好，教育信息化的浪潮就滚滚而来了。

固守旧媒，不愿意尝试新媒，不想"现代起来"，就跟不上未来教育的发展；急于"现代起来"，日益疏远旧媒，甚至放弃旧媒，这也未必能达成理想的教育。

在急于"追赶"新媒的路上，出现了一些问题，比如滥用新媒，课堂上令人眼花缭乱；变"人灌"为"电灌"，加重学生负担；不用传统黑板，全用"电子白板"，等等。

为了使新媒教学"一路走好"，基于"生于忧患"之考虑，换个角度观之，另类目光视之，说"冷眼"也可，说"理性"也罢，我提"七问"。

一问"情感"归于何处？

课堂是面向每一颗心灵敞开温情的怀抱，课堂是点燃每一位学生思想智慧的火把，课堂是情感态度价值观激情迸发的舞台。媒体要素（如文本、视图、音像、网页、电子信箱等）要和情感要素（如教师的人格魅力、富有情趣的讲解、师生的密切合作等）有机结合，才能产生新的整体的特殊效应。先进的教学手段不应完全取代传统教学，师生的情感交流，可能是教师的一个手势、一次微笑、一句赞语，可能是颇有特色的板书、直观的模型展示、具体的实物演示。

有位高三教师在课件制作时，将掌声与叹息声都做了"精心的安排"，每当学生改对或改错一个病句，电脑即发出掌声或叹息声。用心良苦，但"多情"却被"无情"恼！

问课堂，人在何方？问师生，情归何处？

二问"变化"怎么应对？

课堂随时都有意外的通道和美丽的图景，课堂最显眼的标志是平等、民主、安全、愉悦，焕发出生命活力的课堂才是理想的课堂。教学过程是一个动态的、发展的过程，时常会产生一些不可预见的情况。对于课件固定不变的教学思路与课改要求开放性、启发式教学的矛盾，教师应该怎么应对？

曾听过一节几何课，讲一道题的多种证法，课件里隐藏了五种证法，教师提问学生，当学生说出了隐藏证法中的某种证法思路，哪怕很小声，教师都能很快听到，继而报以微笑，充分肯定，点击鼠标，显示证法。有位学生举手说出他的思路，声音不算小，教师就是充耳不闻，当学生再次举手时，教师仍视而不见。课件里没有这种证法啊！而学生的思路虽非最优，但能证此题！

三问 "思维" 空间何在？

利用新媒进行教学，确实有容量之大、速度之快、操作之易、效率之高等优势。教学是"快"的技术吗？现实的情况是，由于课时紧张，由于追求容量，教师使用课件时画面的切换较快，思维空间没有留足，表面上看内容丰富，实际效果"夹生"的多。课堂里曾经生动的"抑扬顿挫"少了，教学中意犹未尽的"留白"也不多了。教学，在某些时刻，可能是"慢"的艺术。

我不时见到学生课后用 U 盘拷贝老师课件的情形，有时还会出现"U盘排队"的情况，喜乎？忧乎？

另一方面，如果在课件中把学生思维都用新媒形象展现出来，这种"展现"也很可能成为发展学生思维能力和创造能力的"杀手"。我们要充分利用新媒的运算和资源功能，引导学生进行探索，而不是用新媒的"展现"功能将学生的思维弱化。

四问 "想象" 境界存否？

儿时读柳宗元《江雪》一诗："千山鸟飞绝，万径人踪灭。孤舟蓑笠翁，独钓寒江雪。"老师让我们齐读一遍，接着老师大略讲解诗意，特别强调"千山""万径"来照应"孤舟""独钓"，用"绝""灭"来照应渔翁"超然物外"之境界。老师又让我们一边读诗一边想象诗中的情景，然后老师请大家闭上眼睛，老师慢慢地轻声地拖着长音读着诗，所有学生想象"诗境"，老师读完了还让大家伏在桌上继续想象一会儿，我们所有同学都有了属于自己的"诗境"。没有板书，没有挂图，只有无配图的课本，儿时的"诗境"在我脑海里保留了很长一段时间。

直到前些年当了校长，去教学巡视，忽闻教室里传来了"千山鸟飞绝"时，我好奇地悄悄隔窗向教室里看去，屏幕上的"诗境"瞬间替换了我儿时的"诗境"，以至于我现在闭上眼睛想《江雪》的诗境，竟然只有那屏幕上的诗境，而我儿时的诗境已荡然无存。

我绝没有否定课件在帮助学生想象方面所起到的作用，我只是想说，在新媒技术如此发达的今天，教学中留给学生想象的空间和创设想象的境界还能做得更好些吗？

五问 "实验" 能否被取代？

新媒技术，已经在很大程度上可以解决很多"实验"问题。

我在参加一次新媒技术产品展示会上，厂家技术人员这样说："从技术角度说，现在中小学里的各种实验，都可以通过我们的产品解决。"

我惊异！我惊喜！我担忧！

惊异的是，新媒技术如此发达；惊喜的是，一些实验条件尚不具备的学校有了一条解燃眉之急的途径；担忧的是，学生的动手实验会不会被新媒取代？

事实上，这种担忧不是多余的。近年的听课中，谁没有见到用新媒技术所进行的实验取代学生动手实验的？这里呼吁：对于实验性较强的学科，如物理、化学、生物，必须让学生动手的实验，不宜用新媒虚拟技术来代替学生的实物实验操作！

长期虚拟实验下去，学生的动手能力、实物操作能力、实验误差分析能力等将严重弱化。也就是说，他们将失去科学精神和科学素养！

六问 "文本" 是否被忽视？

我读中小学时，语文老师经常这样说："请同学们翻开课本，我们一起看课文。"数学老师经常这样说："这个定理很重要，请同学们用红色笔画上记号，特别在 'xxxx' 下标上着重号。"

我当老师时，也经常请学生在课本上写写画画，经常查看学生的课本，看看学生是否有画（画层次、画要点、画疑难）有批（眉批、旁批、尾批）有练（完成书上简单的练习），要求学生养成 "不动笔墨不读书" 的习惯。

现在的一些情况是，一些课堂出现了将教师的讲解改为新媒的演示，一节课上完，课本几乎没动，一切尽在 "屏幕" 中。另有一种情况是，"书本搬家" "板书搬家" "习题集搬家"，课堂上，学生步步紧跟屏幕，师生经历以 "屏幕" 为中心的生命历程。

源于文本、高于文本、利用文本、不唯文本，才是我们孜孜以求的课堂教学之境界。

我 1977 年回城参加高考复习，重拾课本，批注、画线、小结重现，当年课堂情境历历在目，给我的复习带来了丰富的情感支撑和高效的知识掌握。

七问 "主体" 如何体现？

即便是在网络时代，新媒教学同样要明确教师的主导作用和学生的主体作用，努力建立"以学为中心"的教学模式，要注重引导学生开展研究性、探索性学习。

以学生为中心，就不能以教师的思维取代学生的思维；以学生为中心，更不能"喧宾夺主"——让新媒这个"宾"夺取学生这个"主"！

课间行走在教室外的走廊，时常看到多数班级里提前"屏幕登场"，有些班级还音乐渐起。上课了，拉下窗帘，光亮处就是那个"屏幕"，音响声源于那个"屏幕"，聚焦点还是那个"屏幕"。一节课下来，"屏幕"是中心。学生周记中曾用歌词般的语言抱怨说："哦，'屏幕''屏幕'，是你是你还是你！"也有教师这样笑着对我说："倘若停电了，我真不知道还能不能上好课？"

网络时代，勿忘教师主导，更勿忘学生主体！

旧媒有旧媒的使用价值，新媒有新媒的使用价值。传统的板书，是认识的"梯子"，是想象的"翅膀"，是记忆的"链子"，是创新的"起子"。传统的教具，一个实物模型的展示、一件益智器具的游戏、一些尺规画出的图形、一副扑克牌变出的魔术……都能给教学带来意想不到的效果。

教学理应在旧媒与新媒之间找到使用的"黄金分割点"，这就需要我们具有"媒体素养"。年轻教师多修炼一些旧媒素养，中老年教师多修炼一些新媒素养。面向信息化的教师专业化发展，这里的"专业化"，在我看来，既包括用好旧媒之利，摒弃旧媒之弊，也包括倡导善用新媒，谨防滥用新媒。

09. 标内与标外

课程标准是规定某一学科的课程性质、课程目标、内容目标、实施建议的教学指导性文件。课程标准与教学大纲相比，在课程的基本理念、课程目标、课程实施建议等几部分阐述得详细、明确，特别是提出了面向全体学生的学习基本要求。

新课改，将中小学教学大纲改为了课程标准。国家课程标准无论从目标、要求还是结构、体例上都是全新的，蕴含着素质教育的理念，体现着鲜明的时代气息，专家普遍认为这是一部内容十分丰富的全新意义上的"教学大纲"。

专家认为，课程标准着眼于未来国民素质；大纲强调的是知识和技能目标，标准关注的是学生学习的过程、方法、情感、态度及价值观；课程标准突破学科中心，为终身发展打基础；课程标准注重学生的学，强调学习的过程与方法；课程标准提出了多元评价建议；课程标准为教材编写者、教师教学及学业评价留下了创造空间。

作为教师教学，就要立足于课程标准进行教学。

"标"之道，在于新课标下的教师观、学生观、教材观、教学观和课堂观。

教师不再只是一个课程知识的被动传递者，而是一个主动的调试者、研究者和创造者；教师不再是一个真理的垄断者和宣传者，而是一个真理的促进者、帮助者、追求者和探索者；教师是积极能动的开拓者，而不是消极被动的守旧者。

56

学生是发展的人，即学生的身心发展是有规律的、具有巨大的发展潜能、是处于发展过程中的人；学生是独特的、完整的人，即学生是完整的人，每个学生都有自身的独特性，学生与成人之间存在着巨大的差异；学生是具有独立意义的人，即每个学生都是独立的人、是学习的主体、是权责主体。

教材是根据课程标准编写的，供教师和学生阅读的重要材料，教师对待教材较为科学的态度便是"用教材"而非"教教材"。教学中，要有教材，要信教材，但不唯教材，活用教材。教师要依据自身的实践和研究，探究学科课程与教材，以课程、内容的创造性使用为前提，深度开发教材资源，实现教材功能的最优化。

教学是一个信息和情感交流、沟通，师生积极互动、共同发展的过程。教学从以"教育者为中心"转向以"学习者为中心"，从"教会学生知识"转向"教会学生学习"，从"重结论轻过程"转向"重结论的同时更重过程"，从"关注学科"转向"关注人"。

课堂不是教师表演的场所，而是师生之间交往、互动的场所；课堂不是对学生进行训练的场所，而是引导学生发展的场所；课堂不只是传授知识的场所，而更应该是探究知识的场所；课堂不是教师教学行为模式化运作的场所，而是教师教育智慧充分展现的场所。

"标"之术，在于新课标下具体课程内容的教学设计和教学实施。

有了课标，教学就有了方向和目标，教学就有了方式和方法。教师应在理解专家解读的基础上，将自学自悟相结合，再融入实践。我们这里所说的"标内"，就是指教师要基于新课标下的教师观、学生观、教材观、教学观和课堂观，按照课程内容进行教育教学，系统有序地根据教材顺序和课程进度讲课。

作为教师，就要忠实于"标内"，不折不扣地把"标内"的事做好。备课，紧扣"标内"；目光，多在课本。多在"标内"和课本，是必要的，但绝不能仅在"标内"和课本。适当从"标内"跳出来，看看"标外"的世界，也许会有"横看成岭侧成峰，远近高低各不同"之感。

苏霍姆林斯基在《全面发展的人的培养问题》一书中，有这样一段话："教师要经常鼓励学生越出教学大纲的范围，在他们面前展现出知识的浩瀚海洋，激励他们去理解和感受思想的美和伟大，攀登知识的高峰。我们认为，很重要的一点是使我们的每个学生成为醉心于智力活动的人。每个学生要在牢固掌握各门学科知识的同时，找到一门自己喜爱的学科并在这门学科上大大越出教学大纲的范围——这是不仅使个人得到全面发展，而且使集体的生活充满多方面的兴趣而变得丰富多彩的规律性之一。"是啊，越出"大纲"，让学生成为醉心于智力活动的人，我们在这方面还有很大的提升空间。

教育大道，在于激发学生学习兴趣，学生有了学习兴趣，学习就成功了一半；教育中道，在于培养学生的思维，良好的思维方式是学习成功的基础；教育小道，才是具体学科知识的传授。"激趣"也好，"促思"也罢，往往发生于"标外"。

比如说，求异思维是一种重要的创造性思维，它是引导学生从不同的方面、不同的角度探索多种答案，鼓励学生提出个人独特见解，发挥自己独有的才能，力求创新的一种思维。其主要特点是：思维具有独创性、多向性、灵活性和批判性。

解题教学是促进学生进行创造性思维活动的重要途径，我在教学中注意选用某些限制解题方法的题目，用以训练学生的求异思维，培养创造能力，取得了一定的效果。无论是"标内"还是考题，都不会出现"限解"，这算不算走向"标外"？

我以为，限制解题方法，有利于引导学生突破固有的解题模式，使思维具有独创性；限制解题方法，有利于引导学生进行发散式思维，使思维具有多向性；限制解题方法，有利于引导学生灵活地运用知识，使思维具有灵活性；限制解题方法，有利于引导学生质疑问难，使思维具有探索性。

我们看一个具体的课例：不作辅助线，证明：等腰三角形的底角相等。

这是我在教完"全等三角形"后，给出的一道题目。学生百思不得其解，问题出在"不作辅助线"上。

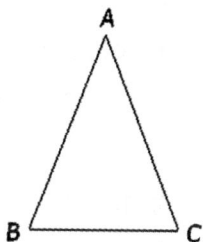

我在黑板上写出如下解答：

在△ABC 和△ACB 中，

$$\begin{cases} AB = AC \\ AC = AB \\ BC = CB \end{cases}$$

∴ △$ABC \cong$ △ACB，

∴ $\angle B = \angle C$。

全班学生先是惊得目瞪口呆，继之笑声四起，他们明白了趣题巧解的奥妙和真谛。"标外"的世界是不是也很精彩！

和学生"玩"数学"年份题"，也是我常有的"标外"之事。每年新年到来之际，数学刊物往往会刊登些与当年年份有关的数学题，这类数学题，或与自然数有关，年年可用；或与奇偶数有关，隔年可用；或与能被某数整除有关，隔若干年可用；或与质数、合数有关，在质数年或合数年择用；还有一些特殊的年份题，拟题者根据年份数字的具体特点而精心编制。年份题还不时出现在数学高考、中考和数学竞赛题中。

年份题要像知时节的好雨"随风潜入",宜自然,能抓住年份特点,能体现时代感。年份题不一定就是这阶段教材要讲的内容,但此时讲"无声胜有声",效果极好!年份题的编拟还要创新,我编著的《精彩数学就在身边》中有这样一道年份题:

香港回归日,恰好是我的一位好朋友的生日。几位好友,找一酒家,一边看着电视里的滚动报道,一边点上蜡烛兴高采烈地为朋友祝福生日。

酒店经理也来助兴,问朋友的年龄,朋友风趣地回答:"我出生年份的数字之和就是我的年龄。"经理说:"这我算不出,还是请教数学老师吧。"

我当然知道朋友多大岁数,这里不妨权当不知"算一算"。

香港回归日是 1997 年 7 月 1 日,朋友应该是 20 世纪出生的人,设朋友出生于 19xy 年,则

$$1997-(1900+10x+y) = 1+9+x+y$$

由此得

$$11x+2y=87,\ 即\ x=8-\frac{1+2y}{11},$$

注意到 $0 \leqslant x \leqslant 9$,$0 \leqslant y \leqslant 9$,且 x、y 都是整数,将 y 可取的整数值逐一代入,可知只有当 $y=5$ 时,x 可取整数值 7。

算出来啦!朋友出生于 1975 年 7 月 1 日,香港回归日他刚好 22 岁。

我在高三复习的"紧要关头"时,出了一道"沙漏问题"的"高考题":

今有可计时 4 分钟的沙漏和可计时 3 分钟的沙漏各一个,你必须恰好用 5 分钟煮一个鸡蛋,能否用这两个沙漏算准 5 分钟呢?

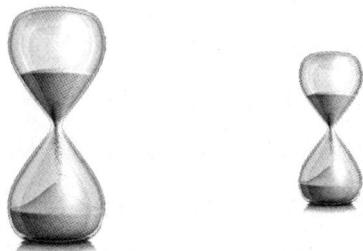

　　我问，同学们能在 3 分钟内解决问题吗？当学生还处在"不得其解"时，我笑着说，这是我一年级女儿昨天的"拓展题"，学生们一脸惊愕。

　　游戏解答：第一步：两个沙漏同时漏；第二步：沙漏（3）漏完后，立刻倒过来继续漏；第三步：沙漏（4）漏完后，此时沙漏（3）已经漏下 1 分钟的沙，这时立即将沙漏（3）倒过来，沙漏（3）漏完后，就可以准确报出 5 分钟了。

　　我接着说，真的，这就是我女儿一年级的"拓展题"，一年级的学生应该知道 4+1＝5，不超一年级的"纲"吧？什么叫"多思少算"，这道题就是"多思少算"！

　　高考肯定不会考这道题的，但此时"标外"又何妨？高三复习紧张时刻，这道"标外"之题，既让学生在欢快的游戏中减压，得到思维训练，又让学生体验了体现高考倡导的"多思少算"的一道"真题"。

　　再看一个课例：给出四本相同的书，用证件带套在第二本书的内页（比如从第 20 页到倒数第 20 页）。让学生用手抓住证件带把第二本书拉出来，问学生它上面的书和下面的书都能保持原位吗？

这是给初一年级的学生设计的小游戏题，主要是让学生感受物理的摩擦现象，体会到物理也很好玩，为初二学习物理作铺垫。

下面的书不会移动，而上面的书将和拉着的书一起移动。原因在于摩擦力。摩擦力与正压力成正比，而正压力即是物体表面压在一起所产生的力。下面的书表面所受的正压力不仅是上面一本书产生的，而是上面的两本书产生的。因此这本书和最底下的一本书间的摩擦力比它和上面的书（就是那本被拉动的）间的摩擦力大，所以它保持不动。

物理是不是也很好玩！

这肯定不在数学课的"标内"，我这个数学班主任，想让我班的学生能在初一时就初步感受到物理的趣味，就走向"标外"进行"另类之玩"。

"标内"，让我们教学有方向，讲课不走样；"标外"，让我们教学不固化，讲课有新意。"标内"就像江河之主流，"标外"就像其支流。教学之舟，穿梭其间。行走主流时，不忘到支流一行；行走支流时，勿忘回归主流。只要胸怀"主流"，教学之舟就不会迷失航向。

10. 考生与考师

　　我读高中时，寒暑假作业不多，三天之内我就能把作业做完，然后就"大玩"。教我们数学的曾亚姗老师，会加一道作业："用你们学过的数学知识，解决或研究一个生产或生活中的问题。"我们几个同学对曾老师的"附加作业"格外感兴趣，都在暗中较劲，都想得"优"，都想在开学时获得老师的点评和表扬。

　　我起初用简单的数学知识研究了一个稻田插秧最值问题，可以提高20%的插秧率。在和敏燕同学交流成果时，敏燕随口说："你解决的问题用的是初中知识，聪明的小学生也能解决啊。"受到讥讽的我当然不服气，那段日子天天用数学眼光看生活。吃饭时，就想碗的容积与数学的关系；出门办事，就想能不能有"一笔画路线"；"石头、剪子、布"有没有胜算的招数。我从喝水的杯子想到了"将一张正方形铁皮，在四个角上剪去四个小正方形，研究折起后容积的最大值问题"。算式可以很快列出，但所学的数学知识解决不了问题。我请教父亲单位里的工程师，工程师也解决不了，只说了句"可能要用到更深的知识"。于是，我设法去图书馆借书，其中有一本《不等式极值问题》，我进行自学，终于用均值不等式解决了这个问题。我异常激动，因为我用自学来的数学知识解决了颇有难度的实际问题。这回我没告诉敏燕，当曾老师在班上点评我的成果时，同学们报以热烈的掌声，敏燕感到惊愕并投来敬佩的目光。

　　初为人师的我，先教了三年初中。三年的暑假作业，年级有统一要求，我只有服从。教第二轮初中时，我感到暑假作业几乎是平时作业的翻版，就自作主张"另搞一套"：我对学生说，年级布置的暑假作业，大家"挑着做"，选有挑战性的题做，做多少算多少，没关系。但每人必须出一份试卷在两周后给我，你们来考老师，想办法把老师考倒。全班学生各个露出神秘的表情，他们从来都是"被考试"，哪有可能出题考老师？我具体布置一番后，有学生举手问："可以略超纲吗？"我佯装水平有限，笑着说："可以可以，可别超太多啊。"

假期里，我陆续收到来自学生的试卷，我逐一解答，并在"好题"旁圈上标记，在有特色的题旁写上批语。我将做完的试卷逐一交还或寄回给学生，让他们批改。开学了，我们班可热闹啦，大家在议论卷子，哪题被老师评为"好题"的，哪卷被老师评为"好卷"的，哪题是特色题，哪题老师"解答不完整"上当啦，哪题老师给出了好多种解法。我让数学科代表拿着登分表，在学生姓名后登上我的得分，好统计我的平均分。可以想象第一节数学课的情境，我简单综述后，命出"好题"者说明出题经过，命出"好卷"者说明出卷过程，命出"特题"者揭秘拟题过程，课堂气氛活跃、趣味盎然，师生互动融洽、高潮迭起。下课了，学生仍意犹未尽，一些学生问我："老师，什么时候还可以再考你？"我笑着说："同学们平时先互出互考，再拼装'难卷'考老师，好吗？"

其实，假期作业是很可以"多样化"的。

平时教学，一节接着一节课地上，一环紧扣一环，虽也可以"多样化"，但相比而言，还是假期作业"多样化"的空间大。关键是我们的学校、我们的老师，要有创新意识，要有实施"多样化"的能力。因为"多样化"的假期作业，一般说来会增加教师的工作量，这又要求我们老师要有奉献精神。

前面说到的两个例子，就是作业"多样化"，就是作业创新，就是学生可以考老师。

假期作业还可以"多样化"吗？

让我们"头脑风暴"一番吧：开放类，进行"微课题"研究，老师给出一些小课题或由学生自己选定小课题，或个体或小组进行研究；写作类，每人写一篇"学习一得"文章，会学一得，乐学一得，巧学一得，博学一得，快学一得；自学类，在温习本学期知识基础上，自学下学期内容，尝试预习笔记；读书类，现在学生课外阅读积极性不是很高，尤其是科技阅读更少，我们可以利用假期作业的"导向"作用，引导学生走进"书香世界"；综合类，就是几种类型的综合运用，等等。

"班级组"或年级组，可以在放假前一个月，好好研究一下假期作业"多样化"问题，及早准备。切记，不是每科都要有假期作业。有假期作业的学科，各科之间要相互配合、相互补充、相互借鉴，形成一套目标一致、求同存异、各具特色的量少而质优的假期作业。

如是，"寒"而有"假"或"暑"而有"假"，假期快乐；如是，教育甚幸，学生甚幸。

"生考教师"，是我在教学中的一个创意，也是我的数学教学主张。凡事倒过来想一想，也许眼界大开。

下面就"生考教师"要注意的问题展开论述。

一是适当教给学生命题的原则和方法。

学生给老师出题，对学生命卷不能要求太高，但可以适当教给学生一些基本的原则和方法。比如，总的题量要求，选择题几题、填空题几题、解答题几题，各类题的分值多少？又如，出题不能出现错误，要分出层次、难易适度，要考察全面、兼顾重点，要注意规范、适度创新，也可以出些开放题等。再如，编选试卷时，应先从书籍、杂志、网络上选题，可适当改题，有能力的同学也可以适当编题，最后进行调整、平衡，合成一份试卷。

二是适当鼓励学生适当改编原始问题。

"生考教师"可以让学生体验教师的命题工作，可以破除考试的神秘感，让学生逐步领悟到"所谓考试，其实就是限定时间做作业"。教师要适当鼓励学生改编原始问题，教师可以告诉学生："同学们改编原始问题，就是'为难老师'，就是有意考倒老师，谁能够考倒老师，那才高明呢!"以此来激励学生改题、编题。但教师心中要有数，这种激励带来的是学生自主地进行变式训练和创新训练，是一种值得倡导的数学学习方法。

三是允许几位学生联合命题。

考虑到学生间知识和能力上的差异，开始让学生命卷时，也可以由几个学生组成一个编拟试卷小组，选出一个组长，大家明确任务、分别出题，由组长合成初稿，大家再进行审议，最后定稿。这种编拟试卷的过程，有点像研究性学习的过程，小组成员在编拟试卷中相互研究、相互学习，共同提高。

值得一提的是，小组命卷可以联合编拟出一份试卷，若大家有积极性，也可以多编拟几份试卷，甚至"人人有一份"，分别送交考老师。

四是支持学生"私下交流"。

学生编拟一份试卷不容易，仅用来考一位老师，"使用率太低"。教师可以适当引导学生，或四人一组相互交换试卷考之，或自愿结合相互交换试卷考之，或挂在班级网页上让"愿考者"自行下载考之。老师们可以想象一下，这是一种怎样的学习啊！我们的考试，原来是"师考生"，后来变成了"生考师"，现在又有可能变成了"生考生"了，这种"生生互动"所带来的一定是十分有效的、教师很可能意想不到的学习效应。

五是教师应给学生编拟的试卷以积极的评价。

开学后，教师一定要拿出一定的时间，对学生编拟的试卷给予积极的评价，充分肯定学生编拟的好卷、编拟的好题，创新点在哪，绝妙处在哪。

教师还可以请学生走上讲台，或说明编拟意图，或讲解命题，或点评教师的解答——哪些题老师给出了简洁巧妙之解，哪些题老师考虑不全面被扣分了，哪些题老师出现"思维定式"上当了。

全班学生编拟的试卷，可以找个地方进行试卷展览，让全班学生欣赏不同风格的试卷，让学生充分了解他们的数学老师是如何答题的。

六是保存学生试卷，作为师生珍贵的教与学的资源。

学生编拟的试卷，是珍贵的教学资源，理应保存好、利用好。教师可以将这些试卷编上号码保存起来，以便日后使用，有可能的话，将这些试卷变成电子版加以保存，或将试卷中较有价值的试题变成电子版加以保存。这些试卷，既是教师的珍贵教学资源，也是班级学生的珍贵学习资源。可以将学生试卷变成电子版或部分变成电子版，挂在班级网上，让学生分享这些来自同学的学习资源，学生自愿地做同学的试卷，具有"别样的心情"。

七是鼓励两个班级学生之间的互考。

中小学教师一般都要教两个班级以上的学生，教师就可以让甲乙两个班级的学生互相出试卷考对方，我把它称为"挑逗学生斗学生"，当然，这是善意的"斗"——百般红紫"斗"芳菲。"斗"出两个班学生的学习热情，"斗"出两个班学生的创新智慧，"斗"出两个班学生的交流交锋。

教师要给出编拟试卷的基本原则和方法，给出试题的题量、题型和难度，给出试题的大致考察范围，给出保密原则等。试卷编好后，教给教师，教师要尽量"一碗水端平"，评估一下两个班级所出试卷的难度，尽量难度相当，不适合的试卷要退回修改。

考试后，两个班级学生相互批改，一个学生批改一份，并给出评析。甲班学生代表到乙班讲评，乙班学生代表到甲班讲评。教师可以就两个班互考的情况做些点评，布置下一轮的互考内容，引发新一轮的"战火"。

让学生考老师，或学生考学生，会有很多新的改变。学生是不是不太怕考试了？老师是不是更专业了？教学资源是不是更丰富了？学生的学习积极性是不是更高了？

试一试，让学生考你几次，让甲班考乙班几次，你和你班的学生都会有新的感受和变化。

11. 生编与师编

　　传统的考试方法，一般是教师根据教材和学生的知识水平，出几道题，然后根据学生书面答案的质量，评出一个分数。这种以闭卷笔试的考试形式，容易使学生产生对考试的焦虑和神秘感，产生反感心理。作为考试改革的一种方法，我在所教的班级中尝试让学生参与编拟数学试题。这种命题方式，破除了考试的神秘感及其引起的焦虑，体现尊重、相信学生的原则，学生命题的过程，也是一次学习、实践和进一步明确、掌握难点、重点，发展思维能力的过程，这就大大地调动了学生学习数学的积极性。

　　如果说"生考教师"是学生考老师的话，那么这里所说的"学生命题"就是学生考学生。

第一，试卷的编拟。

　　将全班 52 名学生分成 13 个小组（前后座位），每组 4 人（注意学习成绩上、中、下学生搭配）。每次编试卷要求每组提供选择题 4 道，填空题 4 道，小综合题（包括作图、改错、简答题等）4 道，大综合题 1 道。对每组要求选择、填空、小综合题有 2 道是指定内容的，另 2 道不限，大综合题内容不限。各类试题应有基础题、中等题和提高题。学生所给考题均应给出正确解答（如有多种解法，也尽量写出），并给出评分标准。全班共收选择、填空、小综合题各 52 道。大综合题 13 道。教师最后综合各组试题编试卷时，学生编题占 70%，教师可以作一定的改变（如数字改变、图形改变、维数变换等），教师编题占 30%。整张试卷 50% 基础题，35% 中等题，15% 提高题。成卷时，在每题题后标明供题组。教育学生在未考之前应暂时保密。

例如，初一学完一元一次方程的应用题之后，有一次单元考试，我对 13 个小组指定的内容是：和倍差倍问题、等积变形问题、比例分配问题、劳动调配问题各 1 组，工程问题、浓度问题、数字问题各 2 组，行程问题 3 组。其余供题应属于能用一元一次方程知识解的应用题。

第二，评分。

评分与闭卷考试的评分基本相同，只有下面两点不同。

对入选题的供题组的每个学生酌情奖励 2—3 分，以鼓励学生编选好试题。

学生的供题或解答，如有错误，应酌情扣 2—3 分。在考试时，供题组的学生若答错其所供的试题，则除扣除本题分之外，还须再扣所奖分的两倍，以防止学生乱供题和加强考查学生对供题及其变式的适应能力。

例如，在某次考试中，某组学生供题：如图，$\triangle ABC$ 的两边 AB、AC 分别向外作正方形 $BAFG$、$ACDE$。

求证：$FC = BE$。

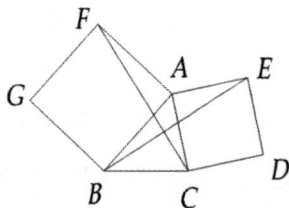

经综合分析后，决定入选该题，但将上题的"正方形"改为"正五边

形"作为试题。变式题与原供题解法实质是一样的，都是利用全等三角形及多边形的内角和知识来证明，这就要求供题组的学生有一定的应变能力。

该组学生供题入选，每个学生奖 2 分。若该组某一学生答错上题，除扣除该题分数外，还应再扣 2×2 = 4 分。

第三，试卷讲评。

师生共同讲评。教师先讲一下考试总的情况。具体讲解某题时，可请供题组学生代表上台讲评，由学生教育学生。教师自己的供题一般由教师讲评，学生可以给予评价。这种师生共同讲评的方法，学生很感兴趣，课堂气氛活跃，效果很好。

第四，效果与体会。

一是让学生参与命题，提高了学生学习数学的积极性。他们上课比以前更认真了，并能在学好课本知识的基础上，积极阅读相关的课外读物，扩大知识视野，提高供题水平。

二是由于学生的供题，教师可适当加以改变，这样就促使学生在解题时，注意一题多变、一题多思、一题多用，提高分析问题、解决问题的能力。

三是让学生参与命题，把一个原来枯燥、单调、乏味的活动，变成了有趣的、自觉的、创造性的、竞赛性的活动。学生乐此不疲，自然就会有效果。

四是让学生参与命题，打破了考试的神秘感，在一定程度上消除学生对考试的焦虑、反感心理，是考试改革的一个方向。

五是让学生参与命题，仅在我所教的两个班平时单元考试中进行。年级统一的半期考、期考，由于涉及面广，还不能由学生命题。我想这种考试，这样做也是可以的。因为只有学生参与命题与教师命题相结合，才能较全面地考查学生对知识、能力的掌握情况。

第五，学生命题应把握的几个原则。

一是科学性与人文性相结合的原则。

所谓科学性，就是试题不出错，试题内容不超纲；所谓人文性，就是试题内容体现人文思想、贴近生活。两者结合，相辅相成，相得益彰。

二是稳定性与创新性相结合的原则。

试题要"稳"，就是说有许多"常规题"，应根据学生实际情况，在难度、方向、结构等方面保持相对的稳定；试题要"新"，就是说有一些"新题型"，在题型的变化、联系、形式等方面体现新颖性。两者结合，力求做到稳中求变，变中求新，新中求好。

三是全面性与开放性相结合的原则。

全面性，就是试题的覆盖面要宽要全面，在保证全面的同时，要注意考察重点内容；开放性，就是试题要给学生留下探索的空间。开放性试题内涵丰富，涉及学科知识面较广泛，可以有效的"全面"，同时可以多角度、多侧面、多层次地提出问题，考查学生思维的灵活性和创新性。

四是规范性和灵活性相结合的原则。

规范性，就是指试卷应符合试卷的规范，在题目的表述上应符合知识的规范与语言文字的规范，叙述简洁流畅易懂；灵活性，就是在试题的题序上可以灵活，在解答的形式上可以灵活，在评分的标准上可以灵活，等等。

第六，学生编拟试题的方法。

选题。就是选用现成的题目作为试题，在选题时应注意试题的代表性、试题内容贴近同学实际，试题平时同学没有做过；必要时选题可适当改动，如改变题目的描述方式，改变题中的数字、个别文字等，但必须保持原题的基本风格、基本解法和难度。

改题。改题是指以一个现成的题目为基础，经过修改成为一个适用的试题。可以改变题中条件的文字参数；可以用同类型概念或可比性的性质替代原题的条件；可以用等价命题、逆命题、否命题取代原题；可以对原题作一般化或特殊化处理；可以改变题目中的条件或结论；可以变更题型或改变提问方式或变化为探索性、开放性的题目等。

编题。编题是指根据命题要求编制新颖的试题，是命题的重要手段。但对学生命题来说，要求是比较高的，可尝试进行。

成卷。将所选、所改、所编的试题，按题型、数量、分值、难度，考虑前后顺序，合成一份试卷。

解答。解答所有试题，检查试题之间的相对独立性，检查试卷的文字阅读量和运算量，根据检查情况，适当调整试题或更换试题。

制定评分标准。规范给出参考答案、科学给分尺度和评分标准。

把命题和评卷的权力交给了学生，也等于把课堂、信任、评价、尊重同时交给了学生！

前面说的是学生命题，下面说一下教师命题。

试题命制，是教师的基本能力。试题命制既要注重考察基础知识、基本技能，还要注重考察思维过程、创新意识和分析问题、解决问题的能力。

就学校而言，一是要建立命题人才库。设立相应的条件，通过选拔考试，选出德才兼备的优秀老师作为命题人才库成员。命题人才库实行动态管理，让更多的老师有机会得到锻炼。二是要开展系统性、专业化的培训，提高命题人员的学科素养和命题水平。三是要建立完备的命题管理制度机制，实行科学化、规范化命题管理，确保命题安全。四是要让每一名教师都有机会参加命题，得到锻炼，使得人才库教师都有机会成长。五是命题结束后要及时进行试卷分析，有效指导老师教学，反思教学，实现提高教师教学水平、提高教学质量的目的。六是要通过命题引导教师全面贯彻落实教育方针，做到五育并举。

就教师而言，要认真学习相关命题知识，积极参与命题实践，积累优秀命题材料，学习他人命题经验，学会自己原创命题。

下面我给出一道我的原创题的思路：

题目：某人 2020 年的生日是在星期六过的，请问此人 2021 年的生日是在星期几过？

这道题可以考小学生、初中生和高中生，适应面广。

若考小学生，宜作为解答题呈现，10 分题。

解答如下：2020 年是闰年，经推算（可以从考试那天是星期几来推算，具体过程略）可得：2020 年 2 月 29 日是星期六。（4 分）

（1）若此人 2020 年的生日是在 2 月 29 日（星期六）过的，则此人 2021 年没有生日过；（2 分）

（2）若此人 2020 年的生日是在 2 月 29 日之前的星期六过的，因为 366 除以 7 余 2，则此人 2021 年的生日是在星期一过的；（2 分）

（3）若此人 2020 年的生日是在 2 月 29 日之后的星期六过的，因为 365 除以 7 余 1，则此人 2021 年的生日是在星期日过的。（2 分）

考察目的：数学文化，即生活中的数学；防止思维定式；周期性；分类思想。

若考中学生，宜作为选择题呈现，4 分或 5 分题。

题目：某人 2020 年的生日是在星期六过的，请问此人 2021 年的生日是在星期几过？

A. 星期日　B. 星期一　C. 星期日或星期一　D. 以上答案都不对

我做过测试统计，中学生答此题，选 A 的最多，占 60%；选 B 的占 18%；选 C 的占 17%；正确答案是 D。

老师们，可以把这道题，也给你的学生做做看。

12. 预设与生成

什么是预设？

预设指的是教师在课前对课堂教学的规划、设计、假设、安排；然后师生按照课前的设计和安排展开有序的课堂教学活动；学生通过完成各种活动获得预设性的发展。简而言之，预设即预测和设计。

什么是生成？

教学不是完全根据教师的预设按部就班地进行，而是充分发挥师生双方的积极性，随着教学活动的展开，教师、学生的思想和教学文本不断碰撞，创造火花不断迸发，新的学习需求、方向不断产生。它体现了课堂教学的丰富性、开放性、多变性和复杂性，激发了师生的创造性和智慧潜能，从而使课堂真正焕发出生命活力。

预设与生成的关系：预设与生成是课堂教学的两翼，缺一不可。没有精心的预设，就没有精彩的生成。预设使课堂教学有章可循，生成使课堂充满活力，精彩纷呈。预设体现了对文本的尊重，生成体现了对人本的尊重。预设是教师的有备而来，顺势而导；生成是学生灵感的突现，智慧火花的绽放。

生成是对预设的丰富、拓展、延伸、超越，没有高质量的预设，就不可能有十分精彩的生成。如果把预设看作"根"，把生成看作"叶"，只有依靠"根"的博大精深才会有"叶"的浓密茂盛。如果把生成比作朝霞，把预设喻为旭日，朝霞只有依靠旭日方能绽放七彩斑斓！

关于"预设"和"生成"，还有许多精彩的观点。

"课堂因预设而存在，因生成而精彩"；"课堂因生成而美丽"，"因预设和生成的融合而精彩"；"预设"是"生成"的基础，"生成"是"预设"的提高，二者是相辅相成的，是矛盾的统一体。

　　教学创新，就必须在"预设"上创新，在"生成"上也创新。

　　预设，是指预测和设计。课堂教学预设，是指教师课前对课堂教学的规划、设计、假设、安排。即教师对自己课堂各方面可能出现的问题的预见与对策的准备。

　　生成，是指生长和建构。课堂教学生成，是根据课堂教学本身的进行状态而产生的动态形成的活动过程，具有丰富性和生成性的特征。

　　关于预设与生成，有人精辟总结："总之，课堂需要预设，没有预设的课堂是不负责任的课堂，但仅有预设是不够的；课堂同样需要生成，没有生成的课堂是不精彩的课堂，生成的课堂充满了生命活力，但课堂也不能完全是师生的即兴创造。预设与生成相得益彰，二者是互补关系。"

　　我的备课观：备好教材，心中有书；备好学生，心中有人；备好教法，心中有术；备好开头，引人入胜；备好结尾，引发探索；备好重点，有的放矢；备好难点，突破难点；备好作业，讲求实效；备好学案，渗透学法；备透理念，融会贯通；备多用寡，左右逢源；备之研究，深层探索；备之终身，养成习惯。

　　课若如此之备，基本上能预设充分，但还可以进一步升华。

　　预设充分，就能让更多的生成，落入"预设下的生成"，当然教师要表现出对待"非预设生成"的惊喜状态，让学生在教师惊喜中得到"智力满足"。套用一句大家耳熟能详的名言"幸运只青睐有准备的大脑"，我们似乎可以这样说："'生成'只青睐有准备的课堂。"

　　当然，我们更希望每节课都有一些（哪怕一点点）"非预设生成"，让"无法预约的美丽"来得更突然些吧。这样的课堂，就是生成的、开放的创造天地。就像布鲁姆说的"没有预料不到的结果，教学也就不成为一种艺术了"。每一位教师都应努力地去促进更多的生成的东西，并及时地捕捉住智慧火花，让学生绽放生命活力，使课堂教学因生成而变得美丽。

近年来，厦门一中等一批学校联合举办"激活课堂"数学研讨活动，每校派出一位老师"同备一节课，同上一节课，同评一节课"，并在理论上对"激活课堂"进行研讨，取得了意想不到的可喜效果。

"同备一节课"，大家都在预设，都在如何创新上、怎样激活上，动足脑筋，"各显神通"。到了听课时，才发现"山外青山楼外楼""英雄所见不尽相同"。在充分为一节课预设基础上的听课，大家在反思中获益颇多。

"同上一节课"，大家都在预设的前提下实施课堂教学，有落入"如来佛手心"的预设下的生成，也有不少非预设生成，这是对授课老师业务功底和教学机智的考验！办了四届活动，多数老师身手不凡，处理得恰到好处。

"同评一节课"，是专家与授课老师的平等交流，是理论研究与行动研究的思维碰撞。专家们有了鲜活课例，评起课来有声有色、揭示本质、句句在理；一线教师有了研究课例，评起课来理论提升、深入浅出、可圈可点。

我以为，"激活课堂"教学研讨活动，是"预设"和"生成"的"研发基地"，是教师专业发展的平台，我们相信这项活动会越办越好，并且希望推广到其他学科。

近读《多一点精心预设 融一份动态生成》一文，作者杨育池老师的"一点认识"写出了课堂教学"预设"与"生成"的韵味，录之，供读者一读，更希望读者对"原文"一读。

　　课堂是开放的，教学是生成的，教学是"静态预设"在课堂中"动态生成"的过程，课堂上发生的一切，既不是由教师单方面决定，也不是都能在备课时所预料的；教学过程的真实推进及最终结果，更多地决定于学生的学情、课堂具体进行状态和教师的处理策略。一节课究竟是怎样的过程，不能在课时计划的预设中成竹在胸，它需要教师在预设的基础上随着课堂信息的整理、分析、选择与调控不断进行演变，适时调整教学环节，动态生成学习内容。过分强调预设缺乏必要的开放和不断的生成，就会使课堂教学程式化，课堂变得机械、沉闷，缺乏生机和活力，使师生思维活力得不到充分发挥；如果教学中单纯依照开放和生成，缺乏目标与计划，变得无序、失控，课堂教学显得过于自由化；缺乏精心准备和必要预设，使师生思维活力得不到高效发挥。

　　教师的"预设"、师生的"生成"是在一定的学习任务的前提下的"预设""生成"，而不是师生随心所欲、节外生枝。生成，不是对预设的否定，而是对预设的挑战，精彩的生成源于高质量的预设。预设是为了更好地生成，生成是预设的后续发展和进一步的完善，两者是互生共进的；教学中教师还应认识到两者之间的差异，因为这两者之间的差异反映出我们的教学过程具有复杂性和不可预测性。当我们在课堂教学中没有按照预设展开时，当面临的信息使我们措手不及时，我们应努力做到不漠视，不将学生的思维强行拉回到预设的轨道，而是对预设进行及时的"整顿"，对生成进行发掘和利用，努力创造出课堂的精彩，激发学生的思维活力。这要求教师课前应精心预设，有效处理教材、主动走近学生、积极开发资源，才能在课堂中机智地选择预设、整合预设乃至放弃预设，从而收获生成。

　　总之，教师多一份精心的预设，课堂就会多一份动态生成，学生就会多一份发展。通过"预设"促进"生成"，通过"生成"完成"预设"目标。在"预设"中体现教师的匠心，在"生成"中展现师生智慧互动的火花，追求课堂教学的动态生成，数学教学才是一门名副其实的艺术，这样的课堂才能出现"不期而遇"的精彩。

下面我们具体看一个"非预设生成"的课例：

六一前一天的一节课，我说："明天是六一儿童节，送你们六个 1，你们设法将六个 1，组成一个最大的数和最小的数。"

全班汇腾了！有的说 111111 最大，有的说 1111^{11} 最大，有的说 111^{111} 最大，有的说 11^{1111} 最大，我让学生讨论一下，从四个数中先比出一个最大的再说。

学生讨论后说 11^{1111} 最大，我装傻，故意说"不对"，学生又比较了一番后，说肯定是 11^{1111} 最大。

我深知，就学生说的那四个数，确实是 11^{1111} 最大，但还有更大的数，只是他们没有"组成"。我微笑着说："还有更大的，你们没'组成'。"

全班学生组了许久，还是没"组成"，肯定地说："不可能再组成更大的"，我想让他们再多想一天，就说："有，明天再说吧。"学生不依，非要我马上说。

我在黑板上写下：$11^{11^{11}}$，并笑着说："此数最大，三层楼，没想到吧？"

全班学生先是惊愕不已，继而不服气地问：你能证明它是最大的吗？

我继续写道：

$11^{1111} < 11^{10^5} < 11^{10^{11}} < 11^{11^{11}}$

学生们"哇"的一声后，又陷入了沉思。

用六个 1 组成最小的数是什么？

开始时，有学生说是 1^{11111}。当我们证明了最大数是 $11^{11^{11}}$ 后，不少学生便说，最小的数的表达形式"不唯一"，如 1^{11111}，$1^1 1^{111}$，$1^{1^{1111}}$，…，等等，当学生说出"不唯一"时，我的眼睛就放光，嘿！他们已经会用很标准的数学语言来回答问题了。

原来的"预设"，就是结合六一儿童节和初一"实数大小比较"适当延伸一下而设计的课例。没想到学生不仅说出了"不唯一"，还想探索究竟有多少种，于是就"生成"了下面的教学片段。

究竟有多少种不同的表达形式呢？我和学生们一起进行研究，我们先退到 2 个 1 研究：1^1，有 1 种形式；3 个 1：1^{11}，1^{1^1}，有 2 种形式；4 个 1：1^{111}，1^{11^1}，$1^{1^{11}}$，$1^{1^{1^1}}$，有 4 种形式；…；6 个 1：有 16 种形式。有规律吗？我们发现，2 个 1 对应 2^0，3 个 1 对应 2^1，4 个 1 对应 2^2，…，6 个 1 对应 2^4。我们猜想：n 个 1 对应 2^{n-2}（n 为整数，且 $n \geq 2$）。

两个女生把研究成果写成小论文《一个猜想及其推证》，我做了一些修改，并把题目改为《一个猜想及其"推证"》，我帮她们投稿，后来发表在《课堂内外》杂志上。

"推证"之所以加上引号，表明它还不是严格意义上的证明。可喜的是，文章的发表给学生以激励，她们继续探索，在高二时，给出了下面严格的证明。

问题：由 n 个 1 不用任何符号取得最小值的种数。

证明：显然最小数为 1。因不用任何符号，其构造必为 $\rho^{\alpha_1^{\alpha_2^{\cdots^{\alpha_n}}}}$，其中 α_k 为形如 $\underbrace{11\cdots1}_{a_k\text{个}1}$ 的数，满足 $\overline{\alpha_k} \in N^*$，$\sum_i^n \overline{\alpha_i} = n-1$，把 $n-1$ 个 1（扣除作底的一个 1）排成一行，相邻两个 1 之间各有一个空位，共有 $n-2$ 个空位，今在空位处插进记号 $\wedge$，定义：

$$x \wedge y = \begin{cases} x^y, & \text{空位存在} \\ \overline{xy}, & \text{空位不存在} \end{cases}$$

这里 x、y 均为形如 "$11\cdots1$" 型的数，$\overline{xy}$ 表示连写。

显然，每个空位都有存在与不存在两种选择，故其构成总数为 2^{n-2}（n 为整数，且 $n \geq 2$），即构成 $\rho^{\alpha_1^{\alpha_2^{\cdots^{\alpha_n}}}}$ 所有可能性的数。

我的确没有想到，当年一个"非预设生成"，竟然引发出如此生动的数学"篇章"。

13. 设计与实施

从某种角度说，"设计与实施"是广义上的"预设与生成"。

无论是面对未来教育的不确定性、教育信息化的新浪潮，还是课程改革的深入、学生学习方式的变化和指向核心素养的教育教学，都聚焦于课堂，变革于课堂，突围于课堂。

课堂永远是教育改革与发展的"前沿阵地"，要达成"步入新境"的课堂教学，有两个关键要素，一是教学设计，二是实施能力。教师的教学设计及实施能力，决定了课堂教学的高度。

"教学设计"有多种界定，关键要素有：以获得优化的教学过程为目的；以系统理论、传播理论、学习理论和教育理论为基础；运用系统方法分析教学问题；确定教学目标；建立解决问题的策略方案；试行解决方案；评价试行结果；对方案进行修改。

这是教学设计的一般要求，而理想的教学设计，至少要有如下三个"既要"和"又要"。

既要"依标尊本"，又要"融入理念"。"依标"，就是依据新的课程标准，"新课标"是国家对基础教育课程的基本规范和质量要求，体现了时代性、文化性和育人性，"依标"是教学设计的"底线"。"尊本"，就是尊重教材对教学的指引功能，教材毕竟是由专家学者编的，是集体智慧的结晶。但不唯教材，要在把握、吃透教材的基础上，活用教材、改组教材、拓展教材，教材是需要教师进行"深度开发"的。

好的教学设计，还必须在"依标尊本"的基础上"融入理念"，把教师自己的教学主张融入教学设计中。理念的融入，是对一般教学设计的一种超越。我教数学，期盼学生在情智交融中灵性生长，这"情"就是"引趣"，就是"数学好玩"；这"智"就是"引深"，就是"玩好数学"。于是，教学设计中就有了"每课一趣"，给学生一个"深入浅出"的情境，也有了"题根引深"设计考量，给学生一个"浅入深出"的新境。"好玩"是要让所有学生都能感受到的，"玩好"就不能要求所有学生一定都达到，"好玩"是一种境界，"玩好"是略高一层的境界，而在"好玩"与"玩好"之间把握好"度"，就是一种理想的境界。

既要"总体谋划"，又要"精心备课"。"核心素养"怎么落地，就需要有一个总体的"谋划"。我的策略是，既要强调素养意识，更要自然和谐融入；既要学科独立践行，更要跨科多维整合；既要突出必修课程，更要用好其他课程；不能强求一个学科就能覆盖"全素养"，不要指望在某一学段能深度培育"全素养"，不要认为在一节课中，核心素养培育越多越好，培育核心素养要"因课而异"；不能要求一个学生"全素养"俱佳，核心素养也应是"各具特色"的，即学生的核心素养应是：基本达成+特色素养；要把"知识为本"的教学转变为"核心素养为本"的教学，必须大力推进学习方式和教学模式的改变；等等。这样一来，我们就可以在一个学年或更长的学段里，系统而有序地"设计"要"落地"的核心素养。

有了"总体谋划"，接下来就要"精心备课"了。备好教材，用教材教，用智慧教；备好学生，心中有每一个学生，有每一个不同的学生；备好教法，教需有法教无定法，大法必依小法必活；备好开头，创设情境，引人入胜；备好结尾，留有悬念，引发探索；备好学案，渗透学法，教学生"学"；备多用寡，每天备课多一点，才能在教学中"左右逢源"；备出意境，力争达到"空谷传神"之效；备好重点，重点内容重点备、反复备、联系备、渗透备、集体备、创新备；备好难点，以旧引新寻突破，巧妙板书寻突破，强化感知寻突破，媒体演示寻突破，多样练习寻突破；

等等。

既要"继承传统",又要"创新实践"。传统教案与现代教学设计是不同的,但不能一说"现代"就放弃"传统"。传统教案中的一招一式,诸如教学目标与要求、教学重点、教学难点、教具准备、课时安排、教案正文、教后感想等,教师还是要掌握的,新教师更要练就传统教案中的这些"基本功",只是不要步入"现代八股文",该简约的要简约,该细化的要细化,该充实的要充实。其实,近年来的传统教案也"与时俱进"了,融进了创设情境、学法渗透、问题引导、媒体使用等内容,"三维目标"也多有体现。

现代教学设计必须在继承中创新。继承,让创新有其"源",有文脉,很"自然";创新,让教学设计有活力,体现"自觉",体现教师教学的价值引领。从"双基"到"三维目标"再到"核心素养",就是继承中的创新。教师要根据新的教育理念,重新认识教学过程,掌握新的教学方法,营造新型的师生关系,为创新教学设计奠定基础。在此基础上的教学设计,强调师生、生生之间的平等对话,强调体验与共鸣,强调理解与共识,强调自主与合作,强调探究与发现,期盼充满智慧、文化和生命含量的课堂"好雨",能悄然润入学生的"心田"。

教学实施,在我看来,一方面是在课堂中科学合理有效地完成教学设计;另一方面,就是根据课堂教学展开发生的情景,创新地实施教学。教学设计是课前对教学活动的规划、假设和安排,忠实地实施体现了对"设计"的尊重,创新地实施体现了对"人本"的尊重,两者缺一不可。

教学设计与教学实施是课堂教学的两翼,缺一不可。没有精心的教学设计,就没有精彩的教学实施。教学设计使课堂教学有章可循,教学实施使课堂充满活力,精彩纷呈。教学设计是教师面对文本的有备而来,精心谋划;教学实施是面对学生灵感的突现和智慧火花的绽放,师者的顺势而导。

好的"设计"期盼更好的"实施",从"有效"到"高效"是好,从"高效"到"卓越"是更好。

"设计"的有效"实施",体现师之"能"。超越传统教案的现代教学设计,是新时期对教师教学的基本要求,有了一个好的教学设计,还需要教师有效地实施。

同样一个情景创设的素材,有的老师能"创"出让学生产生愤悱之境,有的老师却让学生感到索然无味甚至不知所云,这就是师之"能"。

同样一个教学设计的实施,有的老师讲得比较沉闷,学生听得无精打采;有的老师心中没有学生,只顾自己讲,为了完成教学任务而上课,不和学生交流,是没有师生互动的教学;有的老师驾驭不了课堂,整个班级乱哄哄的;有的教师面对学生挑战性的提问或回答,无所适从;能力强的老师,既善于"统",也善于"放",基本上能做到"统放有度""活而不乱"。

"设计"的高效"实施",体现师之"智"。课堂因好的教学设计和高效的教学实施而精彩,高效实施是对教学设计的丰富、拓展和延伸。

学生在课堂上总会出现一些差错,有的老师感到影响了教学进度,有的老师则会把学生的错误当作难得的教学资源,借"错"发挥,因"错"导学,达到新的教学效应,这就是师之"智"。

对一个问题分析、探索、解决,有的老师就题论题,讲完这个问题后就紧接着讲"下一个问题",这样往往是"浅层次地解决了一个问题";有教育智慧的老师,善于发掘问题解决过程的价值,这"价值"可以是育人的、智力的、方法的、探索的、创新的、激趣的、审美的、人文的……这样就能"深层次地洞见一个问题"。

"设计"的卓越"实施",体现师之"魂"。卓越的本质是"超越",教学设计的卓越实施,是融入教育思想、精神、态度的教学,是追求理想课堂价值的教学,是有人性、有意义、有境界、有品质、有内涵、有个性的教学，是教师综合素养在课堂教学中的呈现。

精当的教学设计，就能有更多的卓越实施。换句话说，卓越的"实施"源于高质量的"设计"。教学中出现"教学设计"之外的情形，教师要表现出惊喜的状态，让学生在教师的惊喜中得到"智力满足"，师生共情，师生共探。

当教师在课堂教学中出现偏离"设计"时，当教师在课堂上遇到挑战性问题时，教师不能漠视，不能将学生的思维强行拉回到"设计"的轨道，而是对"设计"进行及时的重新调整或改变，发掘自身潜能，努力创造出超越"设计"的精彩课堂。这样的课堂，是动态的，是多维、开放、灵活、生动的，这才是"一个可以称之为课堂的地方"。

新时代呼唤新教育、呼唤新课堂，也呼唤教师教学设计和实施的新能力。

为新时代的新教育"赋能"，师者，时不我待。

14. 课内与课外

我们在这里讨论课内教育与课外教育的关系，其目的在于处理好课内教育与课外教育的有机结合，努力追求学生的全面发展，实现全体学生的共同发展，积极促进学生的差异发展，为学生未来的持续发展打下良好基础。

课内，实指课堂内，课堂内的教学是学校教学工作的基本形式。教师主要是通过课堂教学的形式，向学生传授知识、培养能力、渗透方法、走向"三维"、达成素养。学生在校的绝大部分时间，也是在课堂上度过的。因此，提高教学质量的主要途径，在于改进课堂教学方法，提高课堂教学质量。

课程改革的"深水区"一定在课堂。课堂教学的改革必定带来学校整体教育的革新，学校的管理理念、评价体系、文化建设都随之而变。课堂变革必定引发课程的革命，课堂永远是教育改革的龙头，只有揪住要害，繁杂众多的教育问题才会迎刃而解。聚焦于课堂，变革于课堂，突围于课堂，课程改革才能"走向更好"。

当然，课堂教学也有它的局限性。课堂教学面向全体学生，要求对全班学生使用同一教材，按照同一进度进行教学，这就不利于因材施教，少数优秀生的发展受到限制，部分学困生的需求难以得到照顾，很难做好学生的共同发展和差异发展。因此，我们在强调课堂教学极为重要的同时，需要配合探索其他的辅助教育形式加以弥补，形成最佳的教育教学效果。这种辅助形式之一，就是课外教育教学活动。有道是："课内与课外互补，教学与活动共赢。"

事实上，在课改深入的今天，我们原有的课堂教学的这个"课堂"，已经发生了一些变化。

其一，体现在课堂跨界上，就是打破班级、教师、学科之间的界限，充分相信学生，解放教师，强调管理和教学的双重跨界，实现班内"走组"，校内"走班"，发挥学生的自主能力，最大限度地优化学校教学资源，增加学生学习的选择性。安徽铜陵铜都双语学校的"跨界大课堂"，山西泽州一中的"无界课堂"，湖南株洲景弘中学的"拼教"探索，都在不同程度地打破教师之间、学科之间和班级之间的界限。

其二，体现在课程跨界上，这里的"跨界"是指不同领域的合作而产生的一个新行业、新领域和新模式。就教育而言，课程界限的打破，最终让教师具有交叉学科的整合能力，让学生从碎片化学习走向系统化、整体化学习。综合课程是课程跨界的一种形式，综合课程打破了学科界限和知识体系，按照学生发展的阶段，以社会和个人最关心的问题为依据组织内容。课程跨界，让学生得到多学科知识和思想方法的交叉，培育了创新能力。

其三，体现在"改教室"上，重建教室让课改的重心从"改课堂"走向了"改教室"。如果说"改课堂"是通过教和学方式的变革来提高单位时间内的课堂效益的话，那么，"改教室"则是改变教学空间的"社会性、精神性和文化形态"。教室不应该仅仅是一间 HOUSE（房屋），更应该成为 HOME（家庭）；教室首先是学习的场所，但同时也是生活的地方，问题是你能不能把学习本身变成生活。

其四，体现在"全课程"上，"全课程"就是把一切有利于学生成长的资源都当作课程资源来开发和使用，更好地服务于学生的成长。而"全课程教育"，就是把教育教学的每项活动都视为课程，并像对待学科类课程一样去对待其他课程。全课程教育，通过构建必修课程、选修课程、活动课程、微型课程、潜在课程和社会课程的体系，使"核心素养"落地有了"载体"和"路径"，把教育教学活动从课堂拓展到了校园乃至家庭和社会。

其五，体现在"慕课"上，"慕课"是继班级授课制以后最大的一次革命，它使教育超越了时空的界限，使得优质学习资源全球共享，全民共享。"慕课"对中小学的影响有待观察和研究，但伴随着类似"慕课"而来的信息化浪潮，我们不能仅是观望。且不论"慕课"会对学校教育产生多大的影响，重要的是作为一个新生事物，"慕课"来了，它为学生个性化学习的实现提供了必要的条件，这本是教育变革的应有之义。

"课内"已经悄悄变革了，这种变革或多或少走出了"课堂"，走向了"课外"。其实，教育教学活动，还有一个大空间，这个空间叫"课外"。

百度一下"教室"，我们会得到以下文字：教室，是教师向学生传授课业的场所。它是一间前面是讲台、后面是座位的大房间。靠讲台的墙上有黑板或白板，是教师讲课、布置作业的地方。后面是学生的座位。在中国，中小学的课桌布置一般有四组，每组有八至九桌，每桌坐两个学生。

新课改背景下，我们把教室定义为一个可以让学生们诗意栖居的地方。教室是图书室、展览室，是探究室、操作间，教室是信息资源库，是人格成长室，是师生共同生活所，是生命的栖居地；教室应该是学习场、生活场和精神场的集合；教室应该是一个微社会，这个微社会里要有自己的班本课程、组本课程。

这样的"教室"，很难说清是我们原有认知中的"课内"或"课外"，我们有必要分得那么清吗？

学生成长总要受到三个方面的教育，即家庭教育、学校教育和社会教育，而学校教育又是通过课堂教学和课外活动进行的。教育教学实践告诉我们，课外活动在培养学生的兴趣、爱好、特长和良好的个性；在为各种各样有专门技艺的人才打好基础；在开发学生的智力，使其获得课堂上学不到的，又具有广泛适应未来社会所需要的知识、技能和素养等方面的独特的教育功能，是课堂教学不可替代的。

课外教育是基础教育不可分割的重要组成部分，是实施素质教育的重要途径。只有把"课内"和"课外"有机结合起来，把课内教育和课外教育都作为一门科学来研究，才能走向更好的高品质发展的教育。显然，我们在课外教育的研究与实践方面，做得还很不够。

苏霍姆林斯基曾说："对于每个教师来说，在课堂上，他的学生都热烈喜爱他所教的学科；而在课外，他是学科小组的指导者，使小组里充满一种目标明确、内容丰富的精神生活和创造性劳动的气氛。"课外，如何才能成为学生"丰富的精神生活"的乐园？我们还能做些什么？

课外教育的范围，可以分为校园内的课外活动和校园外的课外活动，不同的活动范围，不同的活动场所，会产生不同的影响和不同的效果。课外活动怎么做，有许多这方面的文章和实践案例，我这里"播放"几个片段镜头。

镜头 1：亲近自然。

让学生写一篇《亲近自然》的作文，学生们写出了许许多多唯美的句子，这些句子或是从阅读中得到的，或是将影视里看到的情境描述出来，或是将旅游时的所见写出来。读了学生们的作文，我们似乎有这样的感觉，句子虽好，但缺少真实细腻的记录和真正内心的感受。

现代社会，城市化进程加快，很多学生多在城市学习生活，很少走进大自然。对大自然的接触也少了很多，难怪学生们的作文少了真实情感。

其实，亲近自然，给学生带来的益处远不止这些，也很难用具体语言表达出来，春日的鲜花、夏日的小溪、秋日的明丽、冬日的阳光，能给学生带来什么？我想说，最好的教育，也许不在教室里，而在路上，在大自然中。

镜头 2：研学旅行。

走出去，学生才会有大格局。"读万卷书"教师比较重视，"行万里路"估计有的教师有自己的看法，比如安全问题，比如影响学习。学生"埋头苦学"没什么错，但很多知识需要实践的体验才会有更深刻的感受。许多课本上学不到的知识和新的发现，可以在研学旅行过程中实现。"走出教室看世界，眼前一片新视野。"走出去，"外面的世界很精彩"；走出去，唤起学生内心的大格局。

走出去，学生才会有真世界。陆游有诗："纸上得来终觉浅，绝知此事要躬行。"在诗人看来，对一个知识的彻底掌握，更有效的方法是通过自己的亲身实践进行检验。有专家直言，最好的教育不在课堂而在路上。走在曲折的路上，让学生体验艰辛；走到革命圣地，方知今日不易；行走于山水之间，领略大自然的神奇壮美；驻足于文化名城，见证中华历史源远流长；走出国门，感受不同的民俗和风情。走着走着，真实世界就烙印在学生心中。

研学旅行，既要研学，又要旅行，就是以行走的方式展开学习。"研学""研学"，既有"学"，还有"研"，而对"研"的要求是比"学"高的。研学旅行，让学生触摸真实世界；研学旅行，让教育回归本真本原。研学旅行，是中国教育的新生态，是学校践行"知行合一"的有效行动，也是教师让学生健康成长的应然之举。

镜头 3：劳动教育。

我们说学生要"德智体美劳"全面发展，但从目前的情况看，"劳"——劳动教育学校总体做得不好。

马克思说："劳动创造世界。"恩格斯说："劳动创造了人本身。"高尔基说："只有人的劳动才是神圣的。"马卡连柯说："劳动永远是人类生活的基础，是创造人类文化幸福的基础。"卢梭说："劳动是社会中每个人不可避免的义务。"蒙特梭利说："不劳动，儿童的活动就会走向衰竭。"这些经典名言，从不同角度对劳动的含义做了简明、质朴的诠释。

劳动，为学生的一生打好底色。劳动对学生成长有什么好处，国家文件这样说："加强劳动感受，体会劳动艰辛，分享劳动喜悦，掌握劳动技能，养成劳动习惯，提高动手能力和发现问题、解决问题的能力。"这些目的要达到，在很大程度上取决于学校和教师对劳动教育的认识。劳动教育，既是学生今后生活的需要，也是学生未来生存的需要，更是让学生生命更好地发展的需要。专家直言："劳动教育是人生第一教育。"

值得一提的是，新时代更要重视劳动技术教育。"劳技"，就是"劳"中有"技"，"技"中有"劳"，劳动是以技术应用和技术创新为核心的实践活动。把劳动仅看成是做家务、挖菜地等"体力活"是不全面的，其实劳动更多的是"技术活"。而这些"技术活"，往往是在"课内"进行的。

对"教育"而言，课内与课外，谁能厘得清呢？有必要厘得那么清吗？

15. 热议与静思

　　中国中学的课堂教学比较沉闷，我们希望课堂教学能更活跃些、更智慧些、更有生命力些。一个真正充满生命力的智慧课堂应该是：当学生精神不振时，你能使他们振作起来；当学生过度兴奋时，你能使他们归于平静；当学生毫无头绪时，你能给予他们思维的启迪；当学生没有信心时，你能唤起他们潜在的力量。

　　激活课堂，需要我们用科学的教学观来指导我们的教学实践。课堂教学是科学，课堂教学是艺术，课堂教学也是一种文化。活的课堂，才是真正具有生命力的课堂，才是充满智慧的课堂。激活课堂，就是在高度关注生命的前提下，在传统课堂文化的基础上，让课堂更富有生机，让课堂更富有思想，让课堂更富有智慧，让课堂更富有创造。

　　教学呼唤活的课堂，而这课堂的"活水之源"，正是我们教师。激活课堂，就是教师围绕教学主题内容，对学生启发点拨、诱发惊异、引起困惑、唤起向往。

　　以数学课堂为例，激活数学课堂教学，就是教师为学生在课堂中营造本源、自然的冲动，奋发的学习氛围，引起好奇、兴趣、疑问、探索等求知的欲望，在和谐的课堂气氛中，学生自觉地主动参与课堂学习活动，和教师一起"揭示数学的神奇，发现数学的完美，探索数学的应用，表达数学的精深"。

　　激活数学课堂的根本，是以数学问题为主线，以数学活动为中心，在"情境——问题——解决——应用——情境——问题——解决——应用……"

这样一个有机相连，首尾贯通，不断延伸的、开放式的、动态的数学活动系统中实现的。

激活数学课堂的基本策略有：创设数学情境，提出数学问题；以数学对话和数学交流为重要形式的启发式教学；注重数学实践，落实数学训练；用开放观进行数学教学；将情感、态度、价值观有机融入数学课堂教学中。

课堂拒绝死气沉沉，有学者问："课堂上，比安静更重要的是什么？"回答是：课堂上，比安静更重要的是生动、活力和灵气。具体地说，教学是交往，是师生互动，生动，生动，就是学生在动；课堂不应死气沉沉，而应该充满活力，活力课堂应具有参与度、亲和度、自由度、整合度、练习度和延展度；教室是师生交往的舞台，课堂应生机勃勃、充满灵气。

激活课堂，让课堂"热议"起来，有许多方法。

其一，课堂辩论。辩论是唇枪舌剑的交锋，是思想与思想的撞击，是智慧与智慧的较量。课堂进入辩论，能促使学生大胆探索，集中精力积极思考，能培养学生的应变能力和语言表达能力，能发展学生的个性特征、探究意识和创新精神。

其二，师生对话。包括师生间、学生间的谈话、交流，是一种师生平等参与教学活动的形式。在参与过程中，可以是一问一答的，也可以是讨论争论的，相互启发，相互合作，围绕教学目标进行。精彩的对话，既活跃课堂，又促进学生思维的发展。

其三，小组讨论。教师在活动中要巡视、指导、了解信息，对学生的探究给以鼓励和肯定。学生在合作探索中，有更多的参与机会，小组整合、总结出的结论，可以放到全班进行讨论，这时学生往往会发现"英雄所见不尽相同"。

其四，师生共情。就是教师在与学生交流时，能进入学生的精神世界，感受到学生的内心世界，能将心比心地对待学生，体验学生的感受，并对学生的感情做出恰当的反应，营造充实而富有诗意的课堂氛围。

课堂放开了，课堂"活"起来了，但我们又会发现有的教师驾驭不了这样的课堂，整个班级乱哄哄的，有的教师面对学生漫无边际的提问或回答，无所适从。课堂"一统就死、一放就乱"的现象，客观存在。

优秀教师应能既善于"统"，也善于"放"，基本上能做到"统放有度""活而不乱""活而有序"。

一是课前充分准备。首先是要备好课。备好教材，心中有书；备好学生，心中有人；备好教法，心中有术；备好开头，引人入胜；备好结尾，引发探索。何时引趣，何时引深，何时提问，何时播放，充分预设便于掌控，有效预设期待精彩生成。其次是课前必要的工作。比如了解学生的知识点、兴趣点、疑惑点，避免知识脱节，有效激趣；又如游戏材料的准备，课件演示的检查等。

二是课中善于调节。即便是有了好的教学设计，课堂上也会产生许多新的情况，教师要学会观察，从学生的活动中捕捉信息，及时调节教学。比如发现学生产生听觉疲劳，教师就采用视觉形式授课；又如你觉得学生不喜欢听你讲了，就变个花样，让学生来讲几分钟的课；再如发现学生"各抒己见"，争相发言，教师可以这样说："同学们都先把自己的想法写在纸上，我让几个同学先说，观点一致者就举手，这样不会乱。"

三是课后适度交流。课后应当和学生适度交流，了解学生期待怎样的"活课堂"，了解学生希望立下怎样的课堂规矩，了解学生希望怎样在"不活"之时"激活"，在"太活"之时"理性回归"。教师有了这些"了解"，就可以和学生一起制定一个统一的课堂规矩，以保证教学活动有条不紊，"活而不乱"地进行。

四是培养学生习惯。习惯是人在长期训练和事件中形成的自动化的行为方式，一旦形成便难以改变。习惯，对学生的学习乃至人的一生都有着重要的影响。就课堂学习来说，良好的习惯包括课前充分准备、课上积极发言且尽量简练、当老师请其他同学发言时要学会倾听、一般不打断同学的发言、听从老师的指挥，等等。

五是善用肢体语言。体态语言在教学工作中的作用是至关重要的，所以教师要认真研究和运用体态语言，把教学工作提高到一个新水平。教师在课堂上的一举一动、一招一式、一笑一颦，都在向学生传递信息。比如，教师使用眼语，利用眼睛的各种表情，暗示学生该做什么不该做什么；利用手语，当然不是严格意义上的"手语"，充分发挥"手"的各种表达功能，起到调节课堂的作用。

"闷"的课堂不好，"乱"的课堂也不好，最好的课堂是"活而不乱"。让课堂"活而不乱"，教师仍需努力。

让课堂"热议"起来，总的方向是对的，但也出现了一些偏差，问题在于我们要除去什么样的"热议"？

"浮躁"的热议要除去。听课时，常常会看到课堂上"热议"的情况，有的是真正的"议"，有的是为了产生"轰动效应"的一呼百应，有的是学生还没有"思透"，教师就开始频繁地提问，创造轰轰烈烈的课堂景观，这在"开放教学"中多见。

"无效"的热议要除去。课堂上热闹的提问，讲究提问的科学性和艺术性。现实中，有的是"为问而问""问而无度"。教师"一本书，一张嘴，从头问到尾"，多在"是不是""对不对"上。还有过频的掌声——学生鼓掌是发自内心的吗？还有廉价的喝彩——时不时地说"你真棒"，让激励少了真正的内涵。

"肤浅"的热议要除去。表现在简单思维的一问一答上，教师设问肤浅，学生不思即答；表现在教师照书提问，学生看书回答，唯书而问，照本宣科；表现在"满堂问"，大多之问无深度、少思辨、假热闹，师生对话在于有疑而问，在于促进思考，在于心灵沟通。苏霍姆林斯基曾说："教室里寂静，学生集中思索，要珍惜这样的时刻。"

"表演"的热议要除去。有些课堂教学设计的"热议",并不是为学生积极思维而设计的,而是为了追求热闹的气氛,展示教师的风采而刻意烘托的。这种"热议"的背后,掩盖了学生学习过程中思维的缺陷。热议,需要基于思维,而不是要些噱头、吹些泡沫。

课堂上的长期沉闷、经常冷场,肯定不好,课堂上的虚假热闹、表演互动,也需纠正。我们要探索的是,如何走向"动静结合"的理想课堂,也即如何处理好课堂上"热议"与"静思"的关系?

我觉得李如密教授在其《课堂教学艺术新论》一书的"课堂教学节奏艺术"章节中论及"动与静"的文字,对我们提高这方面的认识很有帮助。

动、静之于教学主要是就教学的外部表现而言。所谓"动",指教学活动中的活跃状态,主要表现在师生共同对教学的积极参与,如教师生动形象的讲解,学生积极踊跃地发言;所谓"静",指教学过程中是相对安静的状态,如学生在教师讲解疑难时的聆听,或教师在学生讨论、自学时的指导,这种状态表面看来或鸦雀无声,或舒缓平静,实际上是一种"外静内动,静中有动"的状态,静的下面是学生思维的跃动和创造灵光的闪动。因此,教学中的动,并非毫无章法、乱作一团,而是动中有静;静也并非"死水一潭,微波不兴",而是静中有动,表现出教学动静相谐的美感。因此,教师在组织教学时,要精于设计,巧于安排,使教学有动有静、动静交替、错落有致,以便有效地消除疲劳,保持注意力的集中,提高教学效率。如把教师的悉心讲解、巧设悬念、质疑布难,学生的凝神细听、静心观察;学生的思考解答、激烈探讨、争疑辩疑,教师的悉心聆听;学生的动手探索物质世界的神奇奥妙,教师的细微指导;学生的自觉主动探索未知,教师的精心辅导等教学的双边活动,按照科学顺序有机搭配起来，使教学在"动"与"静"交替中有节奏地行进。

优秀的教师犹如高明的导演，重视动、静的合理搭配与巧妙转换。总是在闹场后又会安排一个静场，以调和平衡观众的情绪及心境。

16. 传统与现代

"与时俱进"是近年来使用频率较高的一个词语，百度一下"与时俱进"得到其含义是："准确把握时代特征，始终站在时代前列和实践前沿，始终坚持解放思想、实事求是和开拓进取，在大胆探索中继承发展。"

与"现代"同行，说的就是"与时俱进"，师者也要"与时俱进"。

北师大附中朱正威老师说："人的一生一定要与时俱进；教师的专业化成长，就是要与时俱进，终身学习。"

他是这样说的，也是这样做的。

教师要坚持与时俱进，就要不断学习吸收新知识、新概念，分析新技术、新情况、新名词，与学生探讨，同时要对新出现的负面的东西给予批判、尽力杜绝。

教师与"现代"同行，大而言之，就是要有现代教育理念、现代管理理念、现代教学方法、现代教学手段和现代学生评价方法，等等。小而言之，就是要有现代生活方式，就是学会使用现代技术产品，就是能接受新的信息，等等。

先说"大的方面"。

现代教育理念，教育理念是教育思想家乃至整个民族长期蕴蓄和形成的教育价值取向的反映、体现和追求，是关于教育发展的一种理想性、精神性、持续性和相对稳定性的范型，具有导向性、前瞻性、规范性的特征。

现代管理理念，是从"人治"走向"法治"再走向"文治"，"文治"

是靠老师进行管理，"法治"是靠制度进行管理，而"文治"是靠文化进行管理。"文治"就是以人为出发点，并以人的价值实现为最终管理目的的尊重人性的管理，尊重人，关心人，培养人，激励人，开发人的潜力，成为教育管理的关键。"人治"是没有规矩的，是弹性的；"法治"是建立规范的，是刚性的；而"文治"则是超越规范的，是柔性的。

现代教学方法，是为了表达现代教学目的而采用的师生之间活动的形式，是传递现代教学内容的手段，是教师引导学生学习的途径，是现代教学工作方式的总和。其特点是：以发展学生的智能为出发点，以调动学生学习的积极性和充分发挥教师主导作用相结合为基本特征，注重对学生学习方法的研究，重视学生的情绪生活，对传统教学方法适当保留并加以改造。

现代教学手段，是与传统教学手段相对而言的。传统教学手段主要指一部教科书、一支粉笔、一块黑板、几幅历史挂图等。现代化教学手段是指各种电化教育器材和教材，即把幻灯机、投影仪、录音机、录像机、电视机、电影机、VCD 机、DVD 机、计算机等搬入课堂，作为直观教具应用于各学科教学领域。

现代学生评价，现代学生评价是"多元评价"，为了实现评价内容的多元化，要整体性评价与综合性评价结合，让评价"全"起来；为了实现评价方式的多元化，要定量评价与定性评价结合，让评价"活"起来；为了实现评价主体的多元化，要评价主体与评价客体结合，让评价"实"起来；为了实现评价空间的多元化，要课内与课外、校内与校外、预设活动与非预设活动评价结合，让评价"真"起来；为了实现评价时间的多元化，要静态与动态评价结合、过程与结果评价结合，让评价"广"起来；为了实现个性化评价的多元化，要统一目标评价与发展特长评价结合，让评价"特"起来。

再说"小的方面"。

比如，教师要有现代生活方式，该看的电影，去看；该追的歌星影星，可追；该旅游的地方，去游；打个牌、喝点咖啡、饮点小酒、穿时尚一点都是应该的。人类的精神文明和物质文明，人民教师理应享受。同时教师也适度接触社会，了解社会，给我们的教育思想补点"维生素"。

又如，教师要尽量学会使用现代技术产品，会电脑，不用多说，但会更多地"玩转"电脑，就不是一件容易的事，我们经常会听到老师在课堂上这样说："哪位同学帮老师处理一下电脑问题。"会微信，教师不就又多了个与学生交流的平台了吗？买得起养得起汽车，就买来开，会开车就是一项能向学生展示的技能。就连教师会使用调焦的高级相机照相，学生都会高看你一眼。

再如，教师要尽可能接受新的信息，目前我国教师知识结构不合理，信息面窄，缺乏对信息的敏感和处理能力，甚至有不适应现代化教学的现象发生，提高教师的信息素养，促成新形势下的角色转换，是一个刻不容缓的问题。就连网络上的具有"正能量"的新词，适度学学不妨用用，学生往往会"会心一笑"。新生事物很多，你要接受它，学习它。

新时代里，每位教师需要具有学习的精神，研究的精神，创新的精神，以现代的理念指导教学，以现代的步伐实践新课程，成为一个具有现代感的、出色的教师。

教师，当与"现代"同行，才能成为"现代教师"。

当然，教师在"现代起来"之时，一定不能忘了传统，优良的教育传统不能丢。大的方面，比如爱生如子，比如有教无类，比如因材施教，等等；小的方面，比如学生可能对实物教具比电脑课件更喜爱；比如传统优美的板书比课件整齐划一的字体更具吸引力，比如一副扑克牌玩出的各种精彩的游戏常常胜过电子游戏，等等。

有一次，我去某省教育学院给全省数学高级教师研修班讲课，讲课地点是在学院宾馆的顶层，我走进会议室讲课，竟然找不到黑板和粉笔。我说我的数学讲课需要黑板和粉笔，工作人员到处找移动黑板，好不容易才找到一块"不像样"的小黑板，我只好将就着用。

从传统走向现代，是一个渐进的过程。以传统的数学双基教学为例，我们来看看这个"渐进"的过程。

"双基"是一个随时代发展、随教育实践不断深化而有不同内涵的概念，"双基"教学应在继承倡导中反思，在反思中进一步发展。我们以数学学科为例，展开分析一下。

倡导理由 1：数学"双基"教学是学好数学的必备条件，我国教育工作者已有许多成功的经验，在数学教学中仍应狠抓基础知识和基本技能的教学。忽视"双基"教学，要谈发展数学能力，那就成了无源之水、无本之木。

倡导理由 2：数学"双基"教学，与发展数学运算能力、空间想象能力、逻辑思维能力和分析问题解决问题能力不矛盾，与发展学生创新精神和实践能力也不排斥。

反思理由 1：我国中学数学教育中强调"双基"教学，把数学教育目标具体为掌握基础知识和基本技能，并由此发展出精讲多练的教学法，过多地进行套路"技能化"训练，是否值得反思？

反思理由 2：传统的陈旧的教学方式充斥于"双基"教学之中，诸如典型的"烧中段"教学，用教师的思维取代学生的思维，大量机械重复的习题训练，教学以"三中心"（以教师为中心、以课堂为中心、以教科书为中心）的多，是否值得反思？

反思理由 3：近几年数学"双基"教学也有一定的发展，诸如变式训练，总结解题技巧，强调讲练结合，加快教学节奏，注重师生互动等，应该说也有一定的积极意义，但这与课改新理念还有较大距离，是否也值得反思？

发展理念 1：重视过程的"双基"观。

现代数学教学有一条原则叫"过程教学"，就是让学生参与和经历整节课的思维过程，充分体现知识发生、形成的过程，充分挖掘解题的思维价值。其特征是"自主性+思维性"。

"双基"不是只讲基础，讲容易题，"双基"是一个渐进发展的过程。从"双基"入手，层层深入，渐入"佳境"，充分体现了从"双基"到"难题"的过程。

发展理念2：问题解决的"双基"观。

把问题作为数学教学的出发点，是现代数学教育的又一条原则。在数学教学中，注意设置问题情境，让数学贴近实际、贴近生活、贴近学生活动，逐步培养学生的问题意识，激发学生学习数学的兴趣，学会"数学的思维"。对于一些开放性的问题，提供给学生一种自我探索、自我思考、自我创造的机会，进一步优化学生的数学素质。

不少数学教师认为，问题解决的要求颇高，不属"双基"之列。但应该看到，问题解决是多层面的，仍是以"双基"为切入点，尤其是在问题的初始状态时发展"双基"是很有余地的。

发展理念3：适当综合的"双基"观。

综合、应用、创新是数学教育发展的一个趋势，但不少人认为综合与"双基"不搭界。因为综合就势必涉及数学中的多个知识点，问题的解决往往需要运用多种数学方法，是具有较高能力要求的数学题。不过，我有一个不成熟的观点，即适当综合发展"双基"。也就是把最基本的数学知识和数学技能综合在一起，引导学生学会从多角度处理问题。2021年高考，一道理综选择题，涉及理化生，学生得分率很低，理化生知识都是初中甚至小学常识，学生因为不会综合而导致错误。

发展理念4：主体参与的"双基"观。

内因是变化的根本，外因是变化的条件。真正认识到学生是学习的主人，是学习的主体。学习是学生个体的自主行动。在教学过程中，只有充分调动学生认知的、心理的、生理的、情感的、行为的、价值的等各方面的因素，参与到数学"双基"的学习活动中去，让学生进入一种全新的学习境界，才能充分发挥各自的主观能动性，融进自己的主见，主动探索，主动发展。

发展理念5：分层优化的"双基"观。

一个班的学生，由于学习基础和认识水平的差异，发展总是不平衡的。我认为，对于不同的学生应有不同的"双基"观。对于不同程度的学生，可通过多种渠道，如指导预习和复习、适当提问、分层次完成作业、同学帮助、教师辅导等，让他们在原有的水平上得到提高。只有真正树立为学生服务的观点，给予不同层次学生以良好的期望，就能打好各类学生的数学基础，提高各类学生的数学素质。

发展理念6：方法渗透的"双基"观。

数学不仅是一种知识，而且具有丰富的思想和方法。在数学"双基"教学中，应十分重视数学思想方法的渗透，因为数学学习不仅是数学知识的学习，而且也是数学思想方法的学习。只有注意数学思想方法的分析，才能把数学课讲懂、讲活、讲深，才能使学生头脑中形成一个具有"活性"的数学知识结构，促进学生数学能力的发展。

发展理念7：辩证把握的"双基"观。

数学"双基"教学，既要常抓不懈，更要常抓常新；既要"各个击破"，又要"融会贯通"；既要熟练掌握，又要灵活运用。只抓"双基"，忽视能力训练，是很难有好的发展的；"双基"不扎实的能力训练，发展也必然受到制约。不少数学家，当年正是做了大量的"基础"题，悟出了数学的道理，一通百通，不断走向创新之路的。

发展理念8：追求理想的"双基"观。

理想的"双基"教学，不只是传授知识的教学，更是师生交往、积极互动、共同发展的过程；理想的"双基"教学，要改变重结论轻过程的教学倾向，要注重学生探索新知的经历和获得新知的体验；理想的"双基"教学，要以学生的发展为本，服从、服务于学生的健康全面发展；理想的"双基"教学，不只在于追求教师会教，更注重追求学生会学、会科学地学、会有策略地学、会创新地学。

总之，数学"双基"教学是需要继续倡导的，数学"双基"教学也是值得反思的，数学"双基"教学更应有新的发展。追求数学"双基"教学的真谛，永无止境。唯有不断地学习、不断地实践、不断地探索，才能不断取得数学"双基"教学的新成果。

17. 现代与未来

"未来教育"正成为近年来教育界讨论的一个热点，人类正在超越"现代教育"走向"未来教育"。未来已来，已经悄悄来了；将至已至，已经渐渐至了。不管你信不信，面对新一轮教育信息化的浪潮和新的教育理念的影响，一场教育变革正在上演，我们准备好了么?

走向未来的教育在于每天的"微变革"，这种"变革"是基于未来前瞻的"变革"，"洞见"未来的"变革"，方能路径清晰。走向未来的教师也在于每天的"微行动"，这种"行动"是基于未来视野的"行动"，唯有对未来教育发展趋势的预判，才能让我们今天的"行动"，能成就未来教育所呼唤的理想的未来教师。

第一，未来教育的可能趋势。

智能化趋势。科技发展，让"人工智能"呼啸而来。教育信息化背景，网络学习空间，智慧校园建设，必将营创出教学设计智能化、课堂教学智能化、学生学习智能化、教育评价智能化、学校管理智能化。因"智能"而生的未来教室、未来课堂、教育资源共享云平台……不断涌现。

科学化趋势。建立在教育大数据基础上的未来教育，必将在教育和教学方面强化"科学"背景，教材编写科学化，教学设计科学化，教学实施科学化，学习方法科学化，教学评价科学化;更加注重教育科学研究，加强具有教育实验的教育课题研究;更加科学的教师培训、家庭教育等，也呼之而出。

人文化趋势。李政道先生曾说："科学和人文是一个硬币的两面，而这个硬币就是文化。"当科技发展日新月异时，人们发现没有人文的融合是不行的。未来教育，不能不关心人类，不能不关心社会，不能不关心未来。培养学生的科学创新精神和人文关怀精神，缺一不可。

综合化趋势。未来教育，既高度分化又高度综合。教育体制机制可以综合（如普教职教融通），教育内容可以综合（如综合课程的设置），教育方法可以综合（如基于学情、教情的教育方法的有效配合、组合和融合，达成最佳教育），学校教育、家庭教育和社区教育可以综合。

心理化趋势。未来学生是诸多矛盾的统一体，未来教育要关注学生内心世界，特别是针对学生充满困惑和矛盾心理特征，寻求"破解之策"。远离"育心"的教育，我们会觉得"工作茫然"；深入"育心"的世界，我们会觉得许多难题"迎刃而解"。

国际化趋势。站在世界的高度看教育，将中国教育融入世界大教育之中，也让国际教育进入中国教育视野；要学习、引进和吸纳国际优秀教育理念，使之与中国的教育融合起来，也要向世界宣传中国教育，让中国教育走向世界；要培养学生具有"世界眼光"，更要培养学生的"中国心灵"。

个性化趋势。"共性"的教育是必要的，但"个性"是教育的灵魂。学生的个性就像"世上没有完全相同的两片树叶"一样，这既给教育工作提出挑战，也为教育创新提供了广阔的探索空间。让学生"各造其极"，发现和发展学生的独特性，应是未来教育十分关注的一个领域。

开放化趋势。这是一个开放的时代，开放的社会呼唤开放的教育。"圈养"是不利于学生成长的，让学生接触社会、了解社会、认识社会，进而立志改造社会，促进社会发展，才能"让世界更美好"！以开阔的视野、开放的胸襟、开明的思维"把学校打开"，必成趋势。

趣味化趋势。新媒体的快速崛起，不断将学习内容做成"动画"或"游戏"或"仿真"的形式，比如"AR/VR技术"等，这些"新境"的趣味性、故事性和游戏的互动性，对学生具有极大的吸引力。趣味教育与教育趣味，在新时代被赋予新的内涵和更大的创新空间。

民主化趋势。课改一路走来，大方向应该肯定。改革背后的深意，就在于授予人们更大的课程自主权，也就是"课程民主"。类比开来，民主化趋势将在未来教育中更多地呈现：要求教育处理好公平与效率的关系，培养师生的民主意识与民主精神，更多地让师生参与学校管理，等等。

第二，未来教育的可能样态。

从生答走向生问。学习就是掌握"学问"的一个途径，有"学"就必须有"问"。"疑"是"问"的前提，"问"是"疑"的必然。"千学万学在一问"，有"疑"就有"问"，有"问"才有"学"。杨振宁教授指出："中国学生成绩很突出，但最大的缺憾就是不会提问，缺乏创新能力。"未来教育，就是在"让学生会问"上做足文章。

从学会走向会学。"学会"，只是说在学习过程中掌握了某种知识和技能；"会学"，则是指在学习的过程中掌握了学习方法，形成了学习能力。一个学生要想取得优良的学习效果，单靠教师教得好、教得得法是不行的，他自身还必须学得好、学得得法。教师"教学"，不仅包含教师的"教"，还应包含教师教学生"学"。

从教会走向教慧。教师教学生学会课本上的知识、记忆这些知识，力争考出一个好的成绩，也就是我们常说的"教会学生"，这无疑是需要的。但未来教师将从"教会学生"走向"教慧学生"，因为就"知识"教"知识"培养出来的学生，难以更好地适应未来，只有让学生在获取知识的学习过程中得到素养培育、获得智慧灵动，才能更好地迎接未来的挑战。

从学科走向跨科。科学发展走向高度细分化和高度综合化发展时代，学科教育理应注重"科际联系"。综合课程和学科课程，都要求每个学科都"有机"联系其他学科，每个学科教师都要"用心"联系其他学科。这样，学生就会整体地看问题，就会逐步学会系统思维和综合思维，就能打下一个适应未来的基础。

从本本走向超本。"本本"这里指教材，"超本"这里指超越教材。未来教育，要求教师是用好教材又超越教材的能手。教学中，要有教材，要信教材，但不唯教材，活用教材。教材毕竟是由专家学者编的，是集体智慧的结晶，要充分用好；同时要创造性地使用教材，稳定性和通用性的教材必须与时效性和个性化相结合，才能产生新的整体效应。

从教学走向促学。走向未来的教育，教师的角色不断被赋予新的内涵：由知识的传授者转化为学习的促进者；由学生的管理者转化为学生的引导者；由被动的学习者转化为主动的研究者；由学习资源的传播者转化为学习资源的创造者；由信息资源的占有者转化为信息资源的共享者。师者，从教学走向促学，将成为常态。

从一致走向差异。学生是发展中的人，学生的差异也不是一成不变的，学生在发展中会出现差异，未来教育一定会更关注"差异"，因"差异"而施教。"没有差生，只有差异，让差异成为资源。"因为差异，所以教育丰富多彩；因为差异，课堂才会有赞赏、争辩、分享和互助；因为差异，学生价值取向多元、学习方式多元、兴趣爱好多元。

从发话走向对话。未来，更开放的社会、更开放的学校，呼唤"对话"。教育新理念呼唤"对话"，"以学生为主体"思想呼唤"对话"，培养学生的创新能力呼唤"对话"，"让学生灵性生长"也呼唤"对话"。师生"对话"，多给学生一些民主、一些自主、一些激励，体现教育平等，体现班级开放，体现师生互动，体现辩争创生。

从讲台走向平台。随着时代的发展，师生交流除了"讲台"，还有新的路径，比如网络，比如微信，等等，教育正悄悄发生一场革命，这场"革命"来自教育信息化的浪潮，"互联网+教育"就要求我们充分利用好"互联网"这个平台，达成新的育人境界。讲台往往是"单向"的，而平台往往是"多向"的，平台视界何其宽！

第三，未来教师的当下使命。

既要"做好当下"，又要"谋好未来"。我们在努力按当下的教育理念做好教育工作的同时，不能"埋头拉车不看路"，应该积极探究未来教育可能发生的许多改变，这样就可以在一定程度上逼近"指向未来"的路。今日之教师，就要积极培养"未来前瞻"意识，提升自身的持续学习力，在"聚焦当下"中去超越，超越教室，超越学科，超越教材。

既要"继承传统"，又要"现代起来"。优良的教育传统不能丢，比如循循善诱，比如启发教学，等等。现代教师要在"与时俱进"中走向未来，就是要有现代教育理念、现代教学方法、现代教学手段，就是要有现代生活方式、学会使用现代技术产品、能接受新的信息，等等。同时要对新出现的负面的东西给予批判，尽力杜绝。

既要"面向未来"，又要"回望来处"。信息化、智能化给未来教育带来机遇与挑战，教育面向未来，就是抓住机遇、直面挑战，让教育拥抱"互联网"。但教育更是传承历史，教育没有传承就可能要从头再来。教育要有现代感，更要有历史感。教师就要在日新月异的变革时代，既在"新浪潮"中逐浪前行，又要坚守教育的本源和初心。

既要"修炼技术"，又要"融入情感"。新媒体要素（如文本、视图、音像、网页、微信等）要和情感要素（如教师的人格魅力、富有情趣的讲解、师生的密切合作等）有机结合，才能产生新的整体的特殊效应。先进的教学手段不应完全取代传统教学，师生的情感交流，可能是教师的一个手势、一次微笑、一句赞语，可能是颇有特色的板书、直观的模型展示、具体的实物演示。

既要"线下教好"，又要"线上导好"。网络为学习者提供了更多的学习互动的平台，在线学习、学习论坛、聊天室等，都可以进行人际互动，师生之间、生生之间可以进行即时的信息交流。教师既要把"线下"的课堂，教到理想之境，又要指导学生合理地利用"线上"这个"空中课堂"的多样课程和丰富资源，自主而灵活地学习。

既要"科学设计"，又要"最佳实施"。好的教学设计，要"依标尊本"又要"融入理念"，要"总体谋划"又要"精备每课"，要"继承传统"又要"创新实践"。忠实地实施体现了对"文本"的尊重，创新地实施体现了对"人本"的尊重，两者缺一不可。好的"设计"期盼更好的"实施"，从"有效"到"高效"是好，从"高效"到"卓越"是更好。

既要"追赶潮流"，又要"引领潮流"。未来教育，新的教育理念、新的教育方法渐渐形成了新的潮流。老师就要在理性分析的基础上，追赶正确之潮。要"追潮"，就是要跟上时代的步伐，就是要前沿追踪，就是要与时俱进。开拓型的教师，不仅"追潮"，还能在一定程度上"引领潮流"，"引潮"体现敢为人先、体现探寻变革、体现价值传播。

既要"前沿关注"，又要"大胆尝试"。现代教师，要有"前沿关注"意识。可以从高层会议、重要文件里的新的提法中获取信息；可以关注教育新闻网、教育情报网、知网等，获取前沿信息；可以从教育刊物、学科教学刊物中了解前沿领域。教师仅仅关注还不够，有了新想法就要适时践行，大胆尝试。"听其言观其行，坐而言不如起而行。"

既要"全面发展"，又要"特色凸显"。一个优秀的教师，应是一个全面发展的教师，这是促进学生健康成长的良好基础。要成为一名走向未来的有魅力的优秀教师，还必须努力成为有特色的教师。"特色"的形成，既包含先天的自然属性，更富有社会性，它受到了教师的家庭生活条件、学校教育、社会文化等多种因素的影响，但最根本、最关键的是教师主体当下的自我意识。

既要"教学有方"，又要"教有主张"。基于教师自身的个性特质，提炼自己的教学主张，进而形成独特的教学风格和教学思想，成长为富有个性的教学名师，这是未来教师专业成长的必由之路。教学主张是教师教学的独特视角，是教师形成教学风格和教学思想的基石。教学主张是推动教师从平凡走向优秀，从优秀走向卓越，从而实现自我超越的专业生长点。

"谋好未来"先要"做好当下"，具有"预见未来"的教师的"当下行动"，"道路"正确，其行必远。

18. 知识与能力

我们在这里讨论几个话题：知识与方法，分数与能力，还有哪些更重要。

观点一：方法比知识更重要。

"知识就是力量"这句经典名言告诉我们：知识能够丰富人的思想，能够让人更聪明。我们获得知识，通过思考，就能解决我们以前所不知道的很多问题，这时候，知识就是力量的一种。

有不少人说，名言"知识就是力量"并不完整，读懂下半句，会让你一生受益。其实完整的话是："知识就是力量，但更重要的是运用知识的技能。"很明显这句话强调的应该是后面的部分。

现在人们又说："方法比知识更重要！"这"方法"，我的理解是掌握知识和运用知识的方法。就学生而言，更多的是掌握"学习方法"。

所以，教师要关注学生知识的掌握，更要指导学生学习方法的掌握。教师可以从学习环节（预习、听课、复习、作业、总结）入手，讲点学习方法。

第一，课前预习——磨刀不误砍柴工。

预习可以培养自学能力；帮助学生提前思考、解决疑难；提高听课效率；提高记笔记的水平；改变学习的被动局面；防止两极分化。学生要养成预习习惯；从实际出发确定预习的内容和时间；学会独立思考；方式多样预习——通过边看（看概念、看解题、看结论）、边画（画层次、画要点、画疑难）、边批（眉批、旁批、尾批）、边写（写内容提要、写学习心得、写解题规律）来实现。

第二，课堂听课——跟着老师的思路走。

课前要做好"四准备"：知识上的，物质上的，身体上的，心理上的准备。课堂上要高度注意，专心听课，积极思考，抓住重点。学生要跟着老师的思路走，自觉排除分散注意力的因素，做到眼、耳、手、口、脑并用。课堂上听课、思考为主，笔记为辅，为了不影响听课，做笔记要求书写速度快一些，语言简明扼要。

课堂笔记记什么？记知识的结构；记老师所讲的重要内容和典型事例，以及分析问题的思考方法和独特见解；记课本上没有的内容；记自己听不懂的问题和学习最困难的地方；记听课时的心得体会。

第三，复习巩固——温故而知新。

复习可以使获得的知识系统化；可以弥补知识的缺陷；可以加强对知识的理解、巩固和提高；可以使基本技能进一步熟练；发展自学能力。课后复习非常重要，请注意：是"先复习，再做作业"。及时复习利于记忆；节省时间；便于及时查漏补缺；能够增强责任心，克服疲塌拖拉的现象，保持恒常的学习积极性，培养良好的学习习惯；符合"劳逸结合"的精神；及时复习能使学习步步跟上。

第四，课后作业——学习，贵在心悟。

再次强调："先复习，后做作业。"正确的做作业过程主要包括审题、做题和检查。审题，就是要仔细琢磨题目，考虑好解题思路，设计好解题步骤；做题要求做到一遍对、速度快、书写清；还要注意检查。做作业要独立思考；要及时完成作业；最好给自己编一本《错题集》；要逐步学会对做作业进行小结，争取做到"做一题，解一类，悟百题"；讲究学习方法，缩短做作业时间；不同学科、不同题型的作业应区别对待。

第五，善于总结——学海横渡巧借舟。

学习是"由薄到厚"的过程，总结就是"由厚到薄"的梳理。单元小结，非常重要。一要全面回顾知识，把握重点难点。可通过回忆、粗看目录与笔记、细读课文进行。二要弄清知识结构，突出内在联系。可将有关知识串联起来，或列提纲，或分类裂变，或列结构框图，使知识间的关系明晰，便于理解、记忆和运用。三要归纳习题类型，探求解题规律。可总结一类问题的解题经验与教训、思路与方法，某类题的"一题多解"或"多题一解"，某类题的"一题多变"或"一题多用"等。

良好的方法，能使学生更好地运用天赋的才能。而拙劣的方法，则可能阻碍学生才能的发挥。"方法比知识更重要！"让学生掌握学习方法，可以达到事半功倍之效。

观点二：能力比分数更重要。

"分分分，学生的命根；考考考，教师的法宝。"我们知道，这种说法是不对的。但时至今日，哪个老师不重视"考"？哪个教师不看重"分"？调查发现："目前最困扰教师的教学问题"排在第一位的是"学生的学习"。而学生的学习成绩是用"分"来衡量的。

"没有分数过不了今天，仅有分数过不了明天"，为了能"过得了"明天，我们还要什么？台湾学者林清玄曾说："最好的教育不是考第一，能力比分数更重要。"

他还说："我发现大陆教师很在意成绩，都想让学生考第一名，其实，现在世界精英都不是当年的尖子生，他们在班级的排名是第七名到第十七名。原因就是这些学生人际关系更好，可以和第一名做朋友，也可以和最后一名做朋友，而且学生压力小，生活更轻松，是创意最好的。"

学者的话，值得我们思考，这里就知识和能力谈几点认识。

第一，了解知识和能力的关系。

知识是人类在实践中认识客观世界的成果，能力是做事的本领。传授知识与培养能力是相辅相成、对立统一的。缺乏知识的能力，是低层次的能力；缺乏能力的知识，则是僵死的知识。知识掌握和能力发展不一定同步，有高分高能现象——既掌握了丰富的知识，也有较强的解决问题的能力，教师希望学生是这样的；也有高分低能现象——靠死记硬背掌握了丰富的知识，但是解决问题的能力很差，教师不希望学生是这样的。

第二，能力比分数更重要。

如果学生的学习，一味死记硬背知识，不独立思考，不善于活学活用，思维缺乏批判性和创造性，那么学习知识不仅无助于促进能力的发展和发挥，甚至还会阻碍乃至抑制能力的发展和发挥。从这个角度看，我们说"能力比分数更重要"。在多数学校"知识训练有余，能力培养不足"的情况下，教师培养学生的能力是不是比"分数"更重要？

第三，教师要为思维而教。

爱因斯坦曾说："教育，就是忘记学校教给我的一切知识之后，所剩下的东西。"这剩下的东西，就是能力，就是素养，就是学生一生中最重要的东西。郅庭瑾所著的《为思维而教》认为，当今教育最为深刻的危机之一，就在于知识占据了至关重要的地位，培养和塑造"知识人"成为根深蒂固的教育理念。作者呼唤：让教育成为充满智慧的活动，教师要为思维而教。

第四，培养学生智力刻不容缓。

学生处于就学阶段，其智力的培养"刻不容缓"。在学习中，智力是十分重要的，它在学生分析问题、解决问题中起着核心作用，而思维能力又是核心的核心。智力影响学习的深浅、学习的速度和学习的方式，要相信学生有巨大的智力潜能。因此，教师就要不失时机地培养学生的智力，努力使学生具有高度的注意力、敏锐的观察力、高超的记忆力、丰富的想象力和广阔的思维力。

第五，重视能力不是要丢弃分数。

重视能力培养，并不是要丢弃分数。教师要提醒学生，能力重要，分数也重要。重视能力并不是要忽视知识的学习，并不是可以随意得个分数。分数，从某种角度来说，也是一种能力尤其是学习能力的体现。只是教师不能把分数作为评价学生唯一的尺子，不能因分数下降而责怪学生不努力，更不能总拿学生的分数和别人比。

分数和能力都要重视，抓分数不能"太残酷"，抓能力必须"有力度"。教师心中要铭记："分数只能代表一时，能力却能保证一世。"

讨论：还有哪些更重要？

第一，育心比育形更重要。

学生表情得体、目光自信、健康阳光的健康之容，学生干净、得体、美观、自尊、自重、自爱的适宜之貌，学生坚贞乐观、挺拔气节、傲骨正气的性格之品，学生遵规守纪、庄重大度、合乎礼仪的行为之品，学生这些良好的形象，具有潜移默化的教育功能。这就是"育形"，让学生"形象美"。

学生的心理世界是丰富的、广阔的，同时也是复杂的、烦恼的（成长中的烦恼）。有效的教育，还要从育形走向育心，远离"育心"的教育，你会觉得"十分茫然"；深入"育心"的世界，你会觉得许多难题"迎刃而解"。现代学生是诸多矛盾的统一体，现代教育就是要关注学生的内心世界，特别是针对学生充满困惑和矛盾的心理特征，寻求"破解之策"。

第二，防患比矫正更重要。

改掉一个坏习惯，要比养成一个好习惯难得多，我们就要预先逐步让学生养成一个好的习惯，这是大方向上的"防患"。"防患"，教师要以身作则，教师酷爱读书，学生也成读书迷；家长成了"低头族"，孩子渐成"手机控"。"防患"，要抓节点，比如一年级抓"基本规范"，初二重点抓"学习分化"。"防患"，要防微杜渐，"该出手时早出手"，比如有的小学生专爱搞恶作剧，欺负同学，教师就要严肃批评教育。"祸自微而成"，一旦问题成堆，积重难返，再来矫正，就麻烦了。

第三，对话比对抗更重要。

学生特别是青春期的学生，爱跟教师"对着干"，多数教师也爱跟学生"较劲"，各持己见，都不让步，往往造成学生持续逆反，双方身心疲惫，学生学业也多受影响。"对话"也许是破解"对抗"之道："对话"时，多给学生一些民主、一些自主、一些激励；"对话"时，要多一份理解、多一份关爱、多一份期待、多一份宽容；"对话"体现平等，不是教师"高高在上"，而是各抒己见、各论其道；"对话"体现互动，不是教师唱"独角戏"，在互动中实现彼此的理解，同时使心灵、情感得到沟通。

第四，合作比竞争更重要。

合作与竞争都是学生成长必须要经历的，合作具有无限的潜力，因为它集结的是大家的智慧；竞争的所得是有限的，因为它激发的是个人或少数人的智慧。教师在激励学生敢于竞争的同时，更要鼓励学生学会合作。学生给同学解析一道题，要比自己做十道题收获更大。这样，既帮助了别人，又有益于自己，何乐而不为呢？这就是"双赢"。帮助别人就是强大自己，帮助别人也就是帮助自己，别人得到的并非自己失去的。

第五，人际比人机更重要。

"世界上最遥远的距离是，你和我面对面坐着，你在低头刷微信，我在低头看视频。"网友的这句笑谈，惟妙惟肖地道出了"手机奴"迷失于虚拟世界的现实。就教育而言，过分的人机关系取代人际关系时，弊端很多：学生成了手机奴隶，既影响健康，又不利学习，还造成现实交流能力变差。要知道"人机关系"，永远取代不了"人际关系"。"人机"无限好，"人际"更重要！

其实，我们再动动脑筋，还会厘清一些"更重要"的话题，如育人比育分更重要，成人比成才更重要，付出比给予更重要，激励比指责更重要，经历比名次更重要，人品比物品更重要，创造比享受更重要，"内生动力"比"外在压力"更重要，"养成习惯"比"一时正确"更重要……心有"更重要"，育人方向明。

19. 智力与非智

关于教育中的"商"，我的观点是：智商诚可贵，情商价亦高，动商要加强，德商最重要。本文主要讨论智商和情商，略讨论动商和德商。

先说"智商诚可贵"。

多数教师，重视学生的智商培养。智商，指的是智力商数，这个商数是人的心智年龄与生理年龄的比值，智商是一个人成就未来的内核。智力因素一般指注意、观察、记忆、想象、思维，智力影响学习的深浅、影响学习的速度、影响学习的方式，要相信每个学生都有巨大的智力潜能。

如何理解智力因素的重要性并积极培养呢？

第一，注意力是吸收知识的窗户。

良好的注意力能使学生集中于自己的学习活动，提高观察、记忆、想象和思维的效率。可以说，善于集中注意力的人，就等于打开了智慧的天窗。所以，注意力的培养，对开发学生的智力，提高学习质量，是不可缺少的因素。难怪马克思说："天才就是集中注意。"注意力的培养：明确学习目的；培养学习兴趣；加强意志锻炼；尽量避免分散注意力的因素；养成注意习惯；用科学的方法保持注意力；合理安排作息制度；适当进行文体活动；适当进行注意力训练。

第二，观察是人们认识世界的门户。

要发现和探索大自然的奥妙，需要观察；要进行文学艺术创作，也需要观察。达尔文曾对自己做了这样一个评价："我既没有突出的理解力，也没有过人的机智；只是在觉察那些稍纵即逝的事物并对其进行精细观察的能力上，我可能在众人之上。"观察力的培养：培养有目的、有计划、有选择的观察习惯；逐步积累知识和经验，为提高观察能力创造条件；勤于观察，善于思考；养成认真细致地观察的习惯；掌握观察的科学方法。

第三，记忆是积累知识的仓库。

俄国军事家苏沃洛夫说："记忆是智慧的仓库，要把一切东西迅速地放到应该放的地方去。"如果把学习比作一座工厂，那么记忆就是这座工厂的原料仓库。记忆能为学习活动提供的原料越多，我们的想象力就越丰富，越富有创造性，我们的思维活动就越活跃，越富有灵活性。反之，一切学习活动将无法进行下去。记忆力的培养：明确目标，存心记忆；掌握知识，理解记忆；培养兴趣，积极记忆；分类归纳，系统记忆；摸准规律，保持记忆；磨练意志，锻炼记忆；利用感官，帮助记忆；不同内容，不同记忆。

第四，想象在人的学习、创作和发明中占有特别重要的地位。

没有想象力，就没有李白"飞流直下三千尺，疑是银河落九天"的千古名句；没有想象力，就不可能发明微积分。可以说，没有想象力就没有艺术、就没有科学。爱因斯坦说："想象力比知识更重要，因为知识是有限的，而想象力概括着世界上的一切，推动着进步，并且是知识进化的源泉。"想象力的培养：扩大知识领域，创造想象条件；语言文字形象化，抽象概念具体化；重视课外学习，参加创造活动；培养丰富情感，发展好奇之心；学学创意听听曲，做做游戏猜猜谜；从常见中生出"奇"，从细节中发现"怪"；加一加可能出人意料，反一反也许眼界大开；该夸张时就"夸张"，当胡思时且"胡思"。

第五，思维是人的学习活动的核心。

人类认识客观事物，学习基本知识，掌握基本规律，进行创造发明，都离不开思维。坚持不断地思考，是事业成功的重要基础。爱因斯坦说："学习知识要善于思考、思考、再思考，我就是靠这个方法成为科学家的。"思维力的培养：良好的求知欲和刻苦的钻研精神；不断丰富知识和经验；养成独立思考的习惯；敢于提出问题，大胆质疑；学会几种思维方式（横向思维，纵向思维，集中思维，发散思维，正面思维，反面思维）；防止思维定式。

让学生灵性生长，离不开智力，智力开发正在被越来越多的教师关注。有许多智力书籍、益智器具和网络益智资源，为我们提供了开发智力的方法和材料，教师可以好好利用。

次说"情商价亦高"。

仿一首诗，有人这样说："智商诚可贵，情商价亦高。若为教育故，两者都需要。"说者想表达的是：教育活动是一个非常复杂的过程，智商和情商交织在一起共同影响着教育。很有道理！

有人断言："一个人的成功等于20%的智商加上80%的情商。"虽说有争议，但也从一个侧面反映出人们对情商的重视。

情商，指的是情绪商数，主要是指人在情绪、意志、耐受挫折等方面的品质，它是心理学家们提出的与智商相对应的概念。就中小学教育而言，可以和非智力因素一并探讨。

非智力因素一般指动机、兴趣、意志、情感、性格。培养学生具有远大的理想、浓厚的兴趣、顽强的意志、丰富的情感和优良的性格，从某种角度上说，比智力因素更重要。

非智力因素，对学习而言，具有动力作用、定向作用、引导作用、维持作用和强化作用，是一个人成就未来的助力。

第一，谈动机。

人们的行动总是从一定的动机出发，并指向一定的目的。恩格斯指出："就个人来说，他的行动的一切动力，都一定要通过他的头脑，一定要转变为他的愿望的动机，才能使他行动起来。"对学生来说，学好知识、培养能力、修炼品格是学习的目的。这种目的是由一定的动机激励而产生的，例如希望能升学，将来能更好地为社会服务。因此，也可以说动机就是行为的动力。

正确学习动机的培养：确定长远目标，树立远大理想；维持强烈而持久的好奇心；培养兴趣，强化动机；争取成功的体验；投入竞争，激发动机；应用动机迁移，培养学习动机；努力排除与学习动机相悖的其他动机的诱惑和干扰；及时了解学习结果；对学习成败正确归因；坚决批判新的"读书无用"论。

第二，谈兴趣。

兴趣是自觉、积极地学习的基础，也是人才成长的起点。学习兴趣是学习积极性中很现实、很活跃的心理成分。一个对学习有浓厚兴趣的学生，在长期的艰苦学习中能维持最佳的心理状态，大脑思维活跃，思路敏捷，想象丰富，记忆力好。兴趣不是天生的，而是可以培养的。我们要努力培养学生高尚的、广阔而有中心的、持久而又高效能的兴趣，把有限的直接兴趣转化为无限的间接兴趣。

良好学习兴趣的培养有：需要激趣法；实践活动法；立志定标法；素养育趣法；情趣迁移法；智巧得趣法；亲师染趣法；交友参赛法；成效反馈法；体验回味法；实用生趣法；奇巧探趣法等。

第三，谈意志。

古今中外有成就的优秀人物，无不具有顽强意志。困难是坚强之母，意志是成功之基。马克思说："在科学上没有平坦的大道，只有不畏劳苦沿着陡峭山路攀登的人，才有希望到达光辉的顶点。"高尔基也曾说："人最凶恶的敌人就是他的意志力的薄弱和愚蠢。"这两句名言从正反两个方面强调了意志在学习和成才中的重大作用。

顽强学习意志的培养：全力以赴，坚定你的意志；知难而进，磨砺你的意志；战胜惰性，提升你的意志；苦中作乐，优化你的意志。

第四，谈情感。

情感的培养对学生具有重要的意义，因为情感能渗透到学习过程的心理结构各个环节中，转化为学习的内动力。情感能直接转化为学习动机，成为驱使学生积极学习的内在动力；情感渗透到学习兴趣中，学生就会对某学科或某项学习活动特别喜欢；情感渗透到记忆环节中，能增强记忆。当人们有了健康情感时，思维活跃，联想丰富，易产生灵感，学习已不仅仅是一种求知的手段，而是变成了一种需求，一种享受，一种欲罢不能的追求。

健康学习情感的培养：明确学习目的，引发学习情感；知情意行统一，升华学习情感；排除消极情绪，优化学习情感；利用学科史料，激发学习情感；通过探究学习，发展学习情感；协调人际关系，保持学习情感；扩大兴趣爱好，丰富学习情感；学会适度幽默，调节学习情感。

第五，谈性格。

古往今来，凡是在学习上、事业上有所成就、有所创造的人，莫不具有优良的性格。在平时的学习中，我们可以看到有些学生勤奋刻苦、认真细致、谦虚好学、顽强拼搏、不断创新，而有的学生则懒惰马虎、三心二意、骄傲自满、怕苦怕累、墨守成规，这种差异在很大程度上是由性格特征的不同造成的。

优良性格的培养：提高素养，全面完善性格；了解自己，克服性格弱点；善交朋友，形成健全人格；利用学科，培养优良性格；榜样引路，学习优良品格；培养爱好，丰富优良个性；自我教育，巩固优良性格；区别差异，因"型"（内向型和外向型）优化性格。

有位专家这样说："情商的培养是一个长时间、系统化的过程，不可能速成，需要教师在学生不同的年龄阶段给予不同内容的情商教育。"教师们，开始行动吧！

简说"动商要加强"。

动商是人类运动能力、运动情感态度、运动行为习惯的测评分数。

体育很重要，大家都知道。当今学生学习负担过重，造成学生体能下降，近视率、肥胖率、肺活量、力量、耐力、灵活性、抗挫能力等方面令人担忧。

教师要培养学生的智商，要培养学生的情商，但如果我们培养的学生"身体不行"，那他们"还有什么能行"！

《中国体育报》"关注动商，提高学生运动潜能"的报道，点燃了人们关注青少年体育的火焰，"动商"引起学术界的讨论和教育先行者的积极实践。

智商、情商、动商是人类认知、情感、行动的三角支架，是构成人类发展和前行的基本要素。"智商诚可贵，情商价亦高。"就目前学生的健康情况看，"动商要加强"！

强调"德商最重要"。

有一句话是这样说的："小胜靠智，大胜靠德。"说的是，小的胜利凭的是聪明，真正要在大事情上得胜，靠的是德行。

德商，指的是一个人的道德品质。德商的内容包括体贴、尊重、容忍、宽容、诚实、负责、平和、忠心、礼貌、幽默等一切美德。

立人先立德，百行德为首。古人讲三立，立德，立功，立言，把立德置于首位。世人把修身养德作为成功的处世基础，如同修建高楼大厦一样，如果事先不打牢基础，楼房就不会稳固。"德智体美劳"中，德也是居于首位的。

随着德商的提出，有人指出智商情商德商三者的关系是：智商决定学习能力，相当于一部车子的发动机；情商决定环境适应能力，相当于能源系统；德商决定自我管理能力，即人品的高下，属于方向驾驭系统。于是把成功公式演变完善为：（持久）成功 =（20%×智商+80%×情商）×德商。从这个公式可以直接看出情商远比智商重要，但德商最重要，一旦德商出问题，将会导致一切成就化为灰烬！

"天行健，君子以自强不息；地势坤，君子以厚德载物。"可以这样译为：君子应该像天体一样运行不息；如果你是君子，度量要像大地一样，没有任何东西不能包容。此刻，我们对动商和德商似乎又有了新的感悟。清华大学把"自强不息，厚德载物"作为校训，结合动商和德商，又能给我们带来哪些新的启发呢？

20. 通法与特法

学科的解题教学，素来都有"通法"与"特法"一说。通法，就是通用的、常用的、一般性的解题方法；特法，就是一些特殊的解题方法。关于"通法"与"特法"，我的观点是：特殊技巧应该建立在一般方法基础上，但两者相辅相成，不可偏废。具体解题时，应因题而异。通法使人深刻，特法使人灵活。

下面我以数学学科为例，加以说明，其他学科的教师，可以类比到自己所教的学科去。

"问题是数学的心脏"，学习数学，关键之一是学会解题。解题教学是数学教师的基本功，解题是数学教学中的"微观艺术"，而任何艺术的精彩之处和感人之处，也许就在这"微观"之中。

例题教学是帮助学生掌握概念、定理及其他数学知识的手段；又是使学生掌握数学思想、方法，形成技能技巧以及培养学生数学能力的重要手段。

如何充分发掘利用课本例题的价值，是数学教育工作者正在积极探索的一个热点问题。

奥加涅相说得好："必须重视，很多习题潜藏着进一步扩展其数学功能、发展功能和教育功能的可能性……从解本题到独立地提出类似的问题和解答这些问题，这个过程显然在扩大解题的武器库，学生利用类比和概括的能力在形成；辩证思维、思维的独立性以及创造性的素质也在发展。"

数学教育家波利亚也认为："一个有责任心的教师与其穷于应付繁琐

的数学内容和过量的题目，还不如适当选择某些有意义但又不太复杂的题目去帮助学生发掘题目的各个方面，在指导学生解题的过程中，提高他们的才智与推理能力。"

用什么样的观点去对待数学解题，并采用什么样的方法去解决数学问题，对数学教师来说，是十分重要的。基于上述理念，我认为，数学解题要确立以下四个观点。

第一，解题需要一定的方法。

解题一定要讲究方法。事实上，我们解决任何一道数学题，都伴随着这样或那样的方法，没有方法的解题是不存在的。只不过有繁与简、通法与特法之分罢了。要提高解题能力，就要掌握一定的解题方法和技巧。

例 1　已知 n 个大小可能不等的正方形，证明总可以把它剪成有限块，重新拼成一个大的正方形。

由于 n 与自然数有关，我们容易"条件反射"，想到用数学归纳法来试试。这正是源于我们头脑中"储存"了"数学归纳法"。

既然想到了"数学归纳法"，就联想到"递推"，就可以"从简单入手"，考虑能否将"2 个大小可能不等的正方形，把它剪成有限块，重新拼成一个大的正方形"，若可，通过"归纳假设"，问题就不难解决。

第二，解题没有固定的方法。

不同的人解同一道数学题有着许许多多不同的解法，同一个人解同一道数学题也可得到不同的解法，再好的解题方法也只是相对而言的、不存在可以解决任何数学题的解题方法。只有具体问题具体分析，才能不断提高解题水平。

例 2　实数 m、n、x、y 满足 $m^2 + n^2 = a$，$x^2 + y^2 = b$，求 $mx + ny$ 的最大值。

从题设与结论的形式，有人想到了柯西不等式，于是得到如下解法：

解法 1：

$\because$　$(mx + ny)^2 \leq (m^2 + n^2)(x^2 + y^2) = ab$

$\therefore$　$mx + ny$ 的最大值为 $\sqrt{ab}$。

同样是从题设与结论的形式，有人采用三角代换进行尝试：

解法 2：

设 $m = \sqrt{a}\cos\alpha$，$n = \sqrt{a}\sin\alpha$，$x = \sqrt{b}\cos\beta$，$y = \sqrt{b}\sin\beta$，则

$mx + ny = \sqrt{ab}(\cos\alpha \cdot \cos\beta + \sin\alpha \cdot \sin\beta) = \sqrt{ab}\cos(\alpha - \beta) \leq \sqrt{ab}$

$\therefore$　$mx + ny$ 的最大值为 $\sqrt{ab}$。

当然，也有人觉得还是从基本不等式入手为好：

解法 3：

$\because$　$mx \leq \dfrac{1}{2}(m^2 + x^2)$，$ny \leq \dfrac{1}{2}(n^2 + y^2)$

$\therefore$　$mx + ny \leq \dfrac{1}{2}(m^2 + n^2 + x^2 + y^2) = \dfrac{1}{2}(a + b)$。

$\therefore$　$mx + ny$ 的最大值为 $\sqrt{ab}$。

然而，解法 3 的解答是错的，错在哪里呢？请读者来找吧！

可见，数学解题是一个矛盾的统一体。解题要有一定的方法，却没有固定的方法。不定中有定，定中又相对不定。

第三，大法必须熟练掌握。

数学解题的大法，是指解题中一些通用的、常用的方法。这些方法是经过人们长期解题所得出的经验。如综合法、分析法、反证法、归纳法、

换元法、消去法等，是数学解题中的大法，必须牢固、熟练地掌握，这是数学解题的基本功。

例3　若 x、y、z、n 都是自然数，且 $n \geq z$，试证等式 $x^n + y^n = z^n$ 不成立。

一般来说，大多数人容易想到用反证法来证此题，但若不能熟练地掌握反证法的证题技巧，恐怕也难以成功。

证明：假设 $x^n + y^n = z^n$ 成立，易知 $x < z$，$y < z$，且 $x \neq y$（为什么?）。不妨设 $x < y$，则 $z^n - y^n = (z - y)(z^{n-1} + yz^{n-2} + \cdots + y^{n-1}) \geq 1 \cdot nx^{n-1}$ $\geq z \cdot x^{n-1} > x^n$。

∴　$z^n - y^n \geq x^n$ 即 $x^n + y^n < z^n$，与假设矛盾，故原命题成立。

第四，小法必须灵活运用。

数学解题的小法，是指解题中一些特殊的解题方法。这些方法在解决某些具体问题时，常常显示出它的优越性。如迭加法、枚举法、倒序法、向量法、行列式法、物理方法等灵活地运用是提高数学解题能力的关键。

当然，"大法"和"小法"也是相对而言的，对整个数学解题来说是"小法"的某种方法，可能在解决某一类问题时便是"大法"。因此，"小法"应熟练掌握并且要灵活地运用。

例4　若 $\{a_n\}$ 是首项为 a，公差为 d 的等差数列，求 $a_1C_n^0 + a_2C_n^1 + \cdots + a_{n+1}C_n^n$ $(n \in N)$ 的和。

此题与自然数 n 有关，故可尝试先归纳猜想，然后再用数学归纳法去证明，也可根据等差数列的通项公式及组合数公式展开求和。可以想象，这两种解法都是冗长的。

若你注意到 $C_n^k = C_n^{n-k}$ 及等差数列中 $a_1 + a_{n+1} = a_2 + a_n = \cdots = 2a + nd$，故可用"倒序法"来解：

令 $S_{n+1} = a_1 C_n^0 + a_2 C_n^1 + \cdots + a_{n+1} C_n^n$

又 $S_{n+1} = a_{n+1} C_n^n + a_n C_n^{n-1} + \cdots + a_1 C_n^0$

两式相加，得

$2S_{n+1} = (2a + nd)(C_n^0 + C_n^1 + \cdots + C_n^n) = (2a+nd) \cdot 2^n$

$\therefore S_{n+1} = (2a+nd) \cdot 2^{n-1}$。

再看两个例子。

例 5　已知 $a_n = n(n+1)(n=2)$，求 S_n。

特法：$\because \sum\limits_{k=1}^{n} k = \dfrac{1}{2}n(n+1)$，$\sum\limits_{k=1}^{n} k^2 = \dfrac{1}{6}n(n+1)(2n+1)$，$\sum\limits_{k=1}^{n} k^3$

$= \left[\dfrac{n(n+1)}{2}\right]^2$

$\therefore S_n = \sum\limits_{k=1}^{n} k(k+1)(k+2) = \sum\limits_{k=1}^{n} (k^3 + 3k^2 + 2k) = \sum\limits_{k=1}^{n} k^3 + 3\sum\limits_{k=1}^{n} k^2$

$+ 2\sum\limits_{k=1}^{n} k = \cdots\cdots$

通法：$\because a_n = n(n+1)(n=2) = \dfrac{1}{4}\left[n\ (n+1)\ (n+2)\ (n+3) - (n-1)\right.$

$\left. n\ (n+1)\ (n+2)\right]$

$\therefore S_n = \dfrac{1}{4}\{(1\cdot2\cdot3\cdot4 - 0\cdot1\cdot2\cdot3) + (2\cdot3\cdot4\cdot5 - 1\cdot2\cdot3\cdot4) + \cdots$

$+ \left[n\ (n+1)\ (n+2)\ (n+3) - (n-1)\ n\ (n+1)\ (n+2)\right]\} = \dfrac{1}{4}n\ (n+1)$

$(n+2)\ (n+3)$。

这里，通法优于特法，用通法类似地可处理更一般的问题，得到：

$\sum\limits_{k=1}^{n} k(k+1)\cdots(k+m-1) = \dfrac{1}{m+1}n(n+1)\cdots(n+m)$

通法使人"深刻"地认识一类问题的解法。

例 6　求复数 $3+4i$ 的平方根。

通法：$x^2 = 3 + 4i = 5\left[\cos(\arccos\dfrac{3}{5}) + i\sin(\arccos\dfrac{3}{5})\right]$

$\therefore\ x = \sqrt{5}\,(\cos\dfrac{\arccos\dfrac{3}{5} + 2k\pi}{2} + i\sin\dfrac{\arccos\dfrac{3}{5} + 2k\pi}{2}\ (k=0,\ 1)$

$x_1 = \sqrt{5}\left[\cos(\dfrac{1}{2}\arccos\dfrac{3}{5}) + i\sin(\dfrac{1}{2}\arccos\dfrac{3}{5})\right] = \sqrt{5}(\dfrac{2}{\sqrt{5}} + \dfrac{1}{\sqrt{5}}i) = 2+i$

$x_2 = \sqrt{5}\left[\cos(\pi + \dfrac{1}{2}\arccos\dfrac{3}{5}) + i\sin(\pi + \dfrac{1}{2}\arccos\dfrac{3}{5})\right] = \sqrt{5}(\dfrac{2}{\sqrt{5}}$

$- \dfrac{1}{\sqrt{5}}i) = -2-i$。

特法 1：设 3+4i 的平方根为 $a+bi$（$a,\ b\in R$），则有

$\begin{cases} a^2 - b^2 = 3 \\ 2ab = 4 \end{cases}$

$\therefore\ \begin{cases} a = 2 \\ b = 1 \end{cases}$ 或 $\begin{cases} a = -2 \\ b = -1 \end{cases}$

$\therefore$ 3+4i 的平方根为 2+i 与 -2-i。

特法 2：$\because\ 3+4i = 2^2 + 2\cdot 2\cdot i + i^2 = (2+i)^2$

$\therefore$ 3+4i 的平方根是 $\pm(2+i)$。

这里的通法冗长繁琐，而特法简洁明快！特法使人灵活地运用各种知识进行解题。

数学解题教学中，用通法解题还是用特法解题，历来有争论。总的说来，比较一致的看法是：通法宜在日常教学中更多地使用，特法宜在竞赛教学中更多地使用。

日常教学的解题指导，教师会以通法为主。因为通法运用面较广，能使问题的解答一般化，能使学生深刻认识一类问题的解答方法。

数学竞赛的解题教学，我觉得也应先从通性通法着手，探索解题思路。当然，由于数学竞赛的特殊性，不少问题的解法往往很奇特，因此，

数学竞赛解题指导，我们还会十分重视特法的介绍和训练，让学生会灵活、简捷地解决有关问题。

说到"通法""特法"，我觉得有一道题很经典，有"故事"，值得大家读后凝思。

我的一次数学"遭遇"

参加科技夏令营的学生来自各个学校，有高中生，有初中生，也有小学生。

一位老师在给高中组的学生讲一道题：

"正数 a，b，c，A，B，C 满足条件 $a+A=b+B=c+C=k$，求证：$aB+bC+cA<k^2$。"

老师说："这是第 21 届全苏数学奥林匹克竞赛题。"

老师颇为得意地给出解答：

$\because k^3 = (a+A)(b+B)(c+C) = abc+ABC+k(aB+bC+cA)$

$>k(aB+bC+cA)$，

$\therefore aB+bC+cA<k^2$。

老师点题："巧用放缩法，妙解奥赛题。"

高中生 A 说："我有另一证法。"

由题设条件知，所证不等式可变形为

$a(k-b)+b(k-c)+c(k-a)-k^2<0$，且 a，b，$c\in(0,k)$。

把上式左端视为关于 c 的函数式，令 $f(c) = (k-a-b)c+k(a+b)-ab-k^2$。

当 $k-a-b=0$ 时，$f(c) = k^2-ab-k^2=-ab<0$；

当 $k-a-b\neq0$ 时，$f(c)$ 为一次函数，因而是 $(0,k)$ 上的单调函数，又 $f(0)=k(a+b)-ab-k^2=(k-a)(b-k)<0$，$f(k)=-ab$

<0。

$\therefore f(c)$ 在 $(0, k)$ 上恒为负值。

$\therefore (k-a-b)c+k(a+b)-ab-k^2<0$,

故 $aB+bC+cA<k^2$。

高中生点题："巧用构造法，妙解奥赛题。"

众人惊奇!

初中生 B 说："不必那么复杂，画个三角形就可证得。"

作边长为 k 的正三角形 PQR,在三边上分别取三点 X、Y、Z,使 $QX=A$,$XR=a$,$RY=B$,$YP=b$,$PZ=C$,$ZQ=c$。

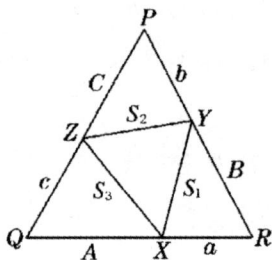

$\because S_1+S_2+S_3<S_{\triangle PQR}$

$\therefore \dfrac{1}{2}aB\sin 60°+\dfrac{1}{2}bC\sin 60°+\dfrac{1}{2}cA\sin 60°<\dfrac{1}{2}k\cdot k\sin 60°$,

$\therefore aB+bC+cA<k^2$。

初中生点题："巧用三角形，妙解奥赛题。"

众人惊喜!!

来凑热闹的小学生 C 说："还可以再简单一些。"

作边长为 k 的正方形，有关尺寸如图。

$\because S_1+S_2+S_3<S_{正方形}$,

$\therefore aB+bC+cA<k^2$。

众人惊愕!!!

初中生笑了，高中生不好意思了，老师先是惊得目瞪口呆，继而

134

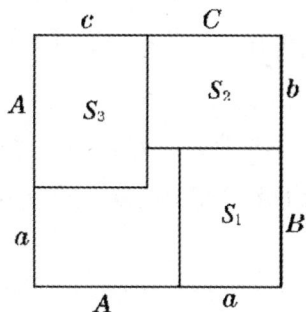

发出会心的微笑，连称："好，好，你们都是好样的！"

教师能辩证地运用"通法""特法"解题，是一种境界。但教师若能用一种"自然"教学法进行解题教学，也许是一种更高的境界。

天津市杨村一中梁栋老师，经过10年的刻苦钻研和实验创新，探索和总结出以"自然"理念为引领，以"适应、生成、多样"为思路，以"技巧迁移、归因递进、问题情境"为具体操作方法的高中数学自然式教学新模式，在我看来就是超越"通法""特法"的一种更高的境界。

读者可以百度一下"自然式教学：顺应数学思维规律"，就可详知具体内容。

天津师范大学教师教育学院院长王光明教授点评片段如下：

老子说"道法自然"，"道"所反映出来的那种规律是自然而然的。如果遵循或仿效"道"的规律，对任何事都不应勉强为之，而应当"顺其自然"。数学教学亦应如此。特级教师梁栋阐述的自然式教学的相关理论，乃属数学教学的自然之"道"。

数学之道可道，但非常道。学生解决数学问题的主要目的并不是学习解题的技巧，而是学解题的自然之道，即学理性思考之道。思考之道是高中数学自然式教学的育人之道。梁栋老师探索的是育人之正道，其自然式教学思想方法给当今的数学教学中存在的高分低能、熟练生笨、懂而不会等教育病开了一剂治病良方。

杨老师的"自然"教学法真好，好就好在"自然"；王教授的点评也真好，点出了杨老师"从自然之道到思考之道"的育人之正道。

21. 常规与创新

优秀教师，一手抓教学常规，一手抓教学创新。抓好常规，就能确保教学质量的稳步提升；抓好创新，就能探求教学意境的常变常新。

教学常规是教学规律的体现，是对教学过程的最基本要求。教学常规包括备课、上课、作业批改、辅导、学业考核，是教师教学的常规工作。

最常规、最平常做的事，也是最难做的事，谁做好了最常规、最平常做的事，谁就能取得事业的成功。就教师而言，只有踏踏实实地严格执行教学常规，教学工作才能有序进行。

抓好教学常规，教师要注意处理好以下几个问题。

一是在抓常规中抓出特色。教师要在抓常规中找特色，在抓常规中培植特色，让特色成为教师的"亮色"，成为有特色的教学主张。

二是常规管理，重在落实。教学常规工作，如果没有狠抓落实，就会大打折扣甚至落空。教学常规工作落实之日，就是教学效益体现之时。

三是"常"和"长"的问题。教学常规，要在"常"和"长"上做足文章。"常"，是指对教学常规的日常践行，"长"，是指对教学常规的长期坚持，"常"是"长"的基础，"长"是"常"的保证。

四是"循规"与"破规"问题。循规，就是按"规"教学，常抓不懈，强化责任意识，事事有规范，处处抓过程，环环重精细，完美地实施教学常规；破规，就是打破常规，常抓常新，常规的与时俱进，就是教育教学适应时代发展的新举措。

我们具体看一些"循规"与"破规"的做法。

做法一：编题解题中的"循规"与"破规"。

求异思维是一种重要的创新性思维，它是引导学生从不同的方面、不同的角度探索多种答案，鼓励学生提出个人独特见解，发挥自己独有的才能，力求创新的一种思维。其主要特点是：思维具有独创性、多向性、灵活性和批判性。

解题教学是促进学生进行创造性思维活动的重要途径。我在教学中注意选用某些动手玩的数学问题，让学生在"玩中学，趣中悟"，把游戏问题稍微改编一下，就可以成为一道中考题或高考题。

中考前夕，某校请我去讲座，希望我讲一讲中考可能出现的题型。应该说是可以研究一下这些年的中考的命题情况，分析出一些道道来，但我还是讲到如何培养学生的素养、学生的数学素养上去了。素养上去了，就能"潇洒赴试"。素养没上去，随便出一题，就能把学生"撂倒"。下面这道题，就可以"撂倒"学生。

给出由五张大小相同的 5 张正方形纸片，摆成下图。

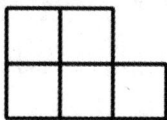

现在只移动其中一张纸片，使 5 张纸片组成轴对称图形，要求每张纸片至少有 2 个点与其余纸片相连，但纸片彼此不覆盖。最多能有_____种不同的移法？

一道填空题，考"对称轴"这个知识点，初中老师让学生做做看，做 8 分钟吧，统计一下正确率。

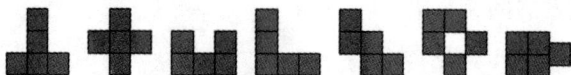

最多有 7 种不同的移法。

学生绝大多数没做对，不服气，说再来一题。我顺手拿起讲台桌上的一张废纸，说："一张纸，将其撕成 5 片，以后每一片都可再撕成 5 片，这样下去能否撕成 2001 片？"

玩"撕纸问题"，意在让学生动手实验，培养学生实验意识和归纳能力。

真正去撕一下是不可思议的，撕到 2001 片所用的时间肯定比经过思考得到答案所用的时间多得多。我们只关注实验结果是没有意义的，真要动手去撕纸片，我们的大脑也会在我们撕纸片的过程中关注是否可能找到出现的规律，而这一规律是容易被发现的。

原来有一片，每撕一次，将增加 4 片，撕第 n 次，会得到（$4n+1$）片。

令 $4n+1=2001$，得 $n=500$，即撕第 500 次可撕成 2001 片。

变化一下，问：撕成 2020 片，可以吗？（不可以）

把这道题编成一道高考题，是容易的。比如，编成单选题，下列哪个数字的片数能撕成？A. 2019　B. 2020　C. 2021　D. 2022

上面是编题的创新，下面看一道解题的创新。

如图，A、B、C、D 分别站在边长为 100 米的正方形操场的四个角上，若 A 对着 B 走，B 对着 C 走，C 对着 D 走，D 对着 A 走，直到中心处相遇。已知他们行走的速度相同，试求每个人走了多少路程？

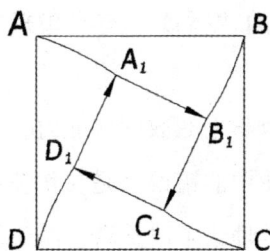

如果按部就班地去做这道应用题，则需要用到高等数学的知识。我们不妨运用想象的力量来分析此题：由于四人行走的对称性，我们可以设想每个人都在朝着一个固定不动的目标前进，尽管四个学生位置的那个正方形在转动和不断地缩小，但这都不影响每人行走的距离。因此追赶人追上被追赶人所要走过的距离，就是他俩开始时彼此相隔的距离，即为100米。

我们并不是说高等数学不重要，而是说在有些情形下，想象力所起的作用是巨大的。英国现代数学家布罗诺夫斯基在题为"想象的土地"的演讲中指出："所有伟大的科学家都自由地运用他们的想象，并且听凭他们的想象得出一些狂妄的结论，而不叫喊'停止前进'！"

说到这里，我想起了爱迪生巧算灯泡体积的故事：有一个名校的毕业生去当爱迪生的助手，这个人对于高中没毕业的爱迪生很是鄙视。有一天，爱迪生让他算一个灯泡的体积，这个人决定半小时内算出来羞辱羞辱爱迪生，他套用各种公式，用各种工具来测量，结果忙得焦头烂额还是算不出来，一个小时过去了……爱迪生走过来，惊奇地发现他还没有算出来。

于是，爱迪生拿起灯泡，往里面注满水，然后把水倒进量筒，就这样，灯泡的体积就求出来了。从此以后，这个学生对爱迪生的态度发生了转变，成为爱迪生的好帮手。

这是创新思维的结果，是不是也有大胆想象的功劳？

做法二：批改作业中的"循规"与"破规"。

初为人师时，我在批改学生的数学作业时，一般是按传统的批改方式进行批改，即发现学生作业中的错误总是在作业上给予订正，数字错了改数字，式子错了改式子，推理错了改推理，学生不会做的我也在作业上写出解答等。一句话，哪里有错，哪里"见红"。这样做，教师费了不少精力，而学生对错误的认识并不深刻。

教师批改作业的目的在于检查教学效果，了解学生掌握知识和技能技巧的情况，帮助学生纠正错误。学生对错误的认识和纠正错误，一般要有一个认识和纠正的过程：错在哪里——为什么错——怎样纠正——以前有类似的错误吗——今后如何避免这类错误。传统的批改方法则将这些过程由教师代替了，压抑了学生学习的主动性和积极性。至于学生是否弄懂错误之处，教师并不十分清楚。

后来我在教学实践中逐步探索采用"数学再生作业"的方法，比较有效地克服了传统作业批改方式的弊端，收到了良好效果。"数学再生作业"就是教师在批改作业的过程中，发现错误并不直接修改，而是通过符号、提示、质疑、重做、"还原"、强化、借鉴、另解、引申、论文等方法，暗示其错误或错误的性质，或给出探索方向，由学生自己动脑动手，找到正确的答案，总结解题规律和解决新的问题。

作为一线教师，在教育本质被异化的今天，几乎每天都会布置作业，每天也就都要批改作业。作业批改如何改革，如何创新，是我一直在探索的问题。作为一名"优秀教师"，在我还没有找到有效的方法之前，我只能"全批全改"，但有一些学生，纠正过的错误，还是屡屡再犯。于是，我想到了"作业再生"，当然是在减法的基础上的"再生"，当然刚开始时也只是"再生"出一、两种来，发现效果不错，就继续"再生"，"生成"十法。

课改时代的今天，说到课堂教学，常有人说："生成因预设而精彩"，也有人说："因预设和生成的融合而精彩"。今观我的"作业再生法"，似乎有"作业生成法"之感，看来我当年的教学理念，还与今日之课改暗合！这样说来，可不可以这样说："生成的作业更精彩""作业错误为生成创造良机""化昨日之普通作业为今日之作业精彩"。

"数学作业再生法"，还有新的"再生法"吗？回答是肯定的。

尤其是在课程改革的今天，一定还会有精彩的"再生"。比如，"编题法"，即让学生编作业题；又如"讲题法"，即让学生上讲台讲"解题之误"，讲"解题之得"，等等。

"数学作业再生法"，是很可以进行实验的。如果说，我的研究是基于"实践"的，我希望有更多的数学教师进行"实验"。对照组按常规进行作业批改，实验组则相对少布置作业但适当"再生"，相信一定是一项很有意义的实验。

其实，你一旦进行"作业再生"的工作，你就进入了一种研究状态，你就进入了一种动态生成状态，你就进入了一种"自找苦吃"状态。不仅如此，你会发现你的教学变得生动了，你的备课进入"研究"了，你布置作业不随意了。还有，你的学生眼里放光了，那是一种智慧之光，你会发现你拥有一批"智者之生"。

做法三：假期作业中的"循规"与"破规"。

平时教学，一节接着一节课地上，一环紧扣一环，虽也可以"多样化"，但相比而言，还是假期作业"多样化"的空间大。关键是我们的学校、我们的老师，要有创新意识，要有实施"多样化"的能力。因为"多样化"的假期作业，一般说来会增加教师的工作量，这就要求我们老师要有奉献精神。

让我们"头脑风暴"一番吧：开放类，进行"微课题"研究，老师给出一些小课题或由学生自己选定小课题，或个体或小组进行研究；写作类，每人写一篇"学习一得"文章，会学一得，乐学一得，巧学一得，博学一得，快学一得；自学类，在温习本学期知识基础上，自学下学期内容，尝试预习笔记；读书类，现在学生课外阅读积极性不是很高，尤其是科技阅读更少，我们可以利用寒假作业的"导向"作用，引导学生走进

"书香世界"；综合类，就是几种类型的综合运用，等等。

做法四：教学探索中的"循规"与"破规"。

走向未来的教育在于每天的"微变革"，这种"变革"是基于教师教学"微主张"的变革，也是一种"破规"之举。"微主张"其实就是微出其新，就是微创新。微主张，看起来小，但孕育着大的突破；微主张，不可低估，微主张里有大世界；微主张，始于微，行于远。

微主张，人人可为。微主张，是每个教师都可随时进行的事，是发生于教育教学过程的每一次教学设计和每一次教学实施的事，是融于教育教学活动的每一细节的事。因为其"微"，名师可高位做，骨干当积极做，所有教师都可以做。

微主张，理当论证。"自己的"思想不是胡思乱想，"自己的"主张也不是乱放厥词，而是在经历了吸纳、判断、甄别、实践、反思的基础上形成的对教育教学的自我理解，进而内化为自己所秉持的教育教学理念。

微主张，且思且行。有了新想法，就要适时践行。古语云："听其言观其行，坐而言不如起而行。"怀揣"微主张"，"行走"在教育园地里，且思且行且悟，又步入新的"行"，如此循环，走向教育教学的新境界。

微主张，微出风格。从微主张到提炼自己的教学主张，进而形成独特的教学风格和教学思想，成长为富有个性的教学名师，这是教师专业成长的必由之路。实践表明，教学主张是教师教学的独特视角，是教师形成教学风格和教学思想的基石。

微主张，追求价值。就理想课堂的价值追求而言，当实现传递知识的价值、探究创新的价值、具有人文精神的价值、交流合作的价值、个性发展的价值、适应未来发展的价值。更高层次的课堂重构，要有智慧的含量、文化的含量和生命的含量。

微主张，辩证评判。对微主张要辩证评判，要注意"功利化"的微主张，微主张既不宜过于"窄化"，也不宜走向"泛化"，倡导基于"发展至上"的微主张。在评判时，应注意评判功能的发展性，评判方法的科学性，评判形式的多样性，评判结果的激励性。

微主张，悄然发生。微主张，始于微；因其微，而无不至。微主张的实施，要像知时节的好雨，悄然无声地润入学生的心田；微主张的理念，当如涓涓细流，静静地流向教育教学的每个环节。

微主张，浅入深出。微主张要"微"多久？有些微主张，可以一"微"到底，"微"出极致，因为此"微"指向教育本真，有无限的探索空间；有些微主张，可以适度升华，因为先"微"探一下，"微"出了成效，就可以走向"小中见大"中的那个"大"了。

22. 导课与结课

　　我听过很多公开课、观摩课、研究课、大赛课等，几乎所有课例的教学设计都列有一条"创设情境"，无论是执教教师还是评委，大家都对"创设情境"十分重视，基于这种"重视"，也确实创设了不少好的"导课"情境。但不难发现，重视"课堂结课设计"者寥寥，参赛教师如此，评课教师亦然！

　　其实，导课也好，结课也罢，都是重要的。一堂好课就如同一场音乐会，不仅要有引人入胜的序曲、扣人心弦的主旋律，也还要有余音绕梁的尾声。

　　结课是教学设计的重要环节，同时对课堂教学有重要的作用。一堂课如果只有鲜艳夺目、俊俏多姿的导课，环环相扣、层层深入的过程，但结课却草草了事，极有可能就功亏一篑。课堂教学的结课不是可有可无的，也不是起到一个点缀的作用而已，它有自身独立的意义和作用。

　　"良好的开端是成功的一半"，导课设计巧妙，能先声夺人、引人入胜，其效果至少能"激活当堂"。巧妙的结课，可以再次唤起学生思维的高潮，能画龙点睛、余味无穷，其效果至少能"延伸课后"。

　　一堂课的结课与导课、过程一样重要，需要精心设计。"课刚讲，味渐起"，是导课的智慧和艺术；而"课结束，趣犹存"，则是结课的智慧和艺术。

先说"导课的智慧与艺术"。

李如密教授在《课堂教学艺术新论》中，对"导课"有精彩的论述："好的导课，如高手对弈，第一招就为全面胜利铺垫基础，有一石激起千层浪之妙；又如钢琴家演奏，发出的第一个音符就悦耳动听，给人一种激情夺魄的艺术享受。一堂课开始就教得索然无味，如同嚼蜡，是很难调动学生积极性的。导课艺术讲求的是'第一锤就敲在学生的心上'，像磁石一样把学生吸引住。学生在教师创设的撩人心魄的教学情境中，或悬念于怀，或激情四溢，或徘徊于新旧认识的矛盾圈中，自然而然地进入最佳学习状态。"优秀教师们在长期教学实践中创造了丰富多彩的教学导课艺术，如激情共鸣式、设疑启思式、故事寓理式、游戏引趣式等。

欧阳芬老师认为好的导课如同桥梁，联系着旧课与新课；如同序幕，预示着后面的高潮和结局；如同路标，引导着学生的思维方向。实践经验表明，课堂导课一般不宜占用过长时间，教师应在 2~5 分钟内完成导入任务，将学生的注意力吸引到特定的教学任务中去，这就要求教师的导语具有针对性、启发性、新颖性、趣味性和简洁性。一个好的导课必须紧密联系教学目标、本节课的主题、情感的色调、教材的基点等因素，并力求使其自然、新颖、形象、多样，达到"未成曲调先有情"的教学效果，使后面的"好戏"顺理成章。

课堂教学的导课方法很多，闫承利老师在《素质教育课堂优化艺术》一书中总结了 32 种：温故导入、衔接导入、设疑导入、布障导入、目的导入、作用导入、直接导入、间接导入、切入导入、迂回导入、引趣导入、激情导入、悬念导入、铺路导入、比较导入、归纳导入、观察导入、实验导入、实践导入、作业导入、提问导入、讨论导入、摘录导入、课题导入、游戏导入、故事导入、珍闻导入、歌谣导入、谜语导入、诗词导入、

146

歌曲导入、图画导入。想具体探究的老师，可以找书来细读。

导课重要，需要教师精心设计。如果教师未能设计出精彩的导课，或设计出过于冗长的导课，可以考虑"不导"，直接进入教学主题，"此时无导胜有导"。

次说"结课的智慧与艺术"。

李如密教授在《课堂教学艺术新论》中，对"结课"也有精彩的论述："好的结尾，有如品尝香茗令人回味再三。俗话说：'编筐编篓，重在收；描龙绘凤，重在点睛。'中国传统艺术很讲求结尾处的余音韵味、相映生辉，则更得艺术之三昧，臻结构之佳境。高明的教师就如同优秀的作家，总善于给自己的艺术作品设计一个令人回味无穷的'豹尾'，都很讲究结课的艺术技巧，显示出各自精湛高超的教学艺术水平，或含蓄深远，或画龙点睛，或留设悬念，或释疑解惑。但不论何种技巧，都应给学生'教学已随时光去，思绪仍在课中游'之感。好的结课可以给学生以无穷的美感与艺术上的享受。为此，教学结课应力求做到首尾呼应、蕴藉隽永。唯其如此，教学才能收到余音绕梁的艺术效果。"教学结课艺术主要有总结升华式、巧置悬念式、拓展生发式、幽默解颐式等。

一堂课究竟怎样结课好呢？这是一个很值得探讨的问题。就目前的教学现状看，这个问题还没有引起大多数教师的注意，一堂课常常是在解完题和布置作业中结束的。一堂课的结课设计和一堂课的导课设计一样重要，许多老师已对导课设计进行了探讨，我曾经总结了结课教学设计的几种方式。

一是总结式。总结，就是对一堂课的内容、知识结构、技能技巧，或用提纲，或画表格，或以图示等方法加以概括总结，强调要点，使学生对整堂课有一个完整、清晰的印象。

二是启导式。启导，就是在一堂课结尾时，对作业的解题格式、完成时间，提出一些要求。对有一定难度的作业给予一定的启发，对新课的预习给予指导等。

三是呼应式。呼应，就是在一堂课将结束时解决课前提出的问题，达到前呼后应、豁然开朗之效。

四是设疑式。设疑，就是提出有一定难度的问题，这个问题常常是下节课要探讨的，让学生带着疑问结束一节课的学习。

五是伏笔式。伏笔，就是在讲完旧知识后，要留一个"尾巴"，使学生感到言而未尽，以引起他们探讨"未尽"（新知识）的好奇心，为今后教学埋下一笔。

六是引深式。引深，就是根据所授内容，用各种方法（如变式、升维等）把问题不断引向深化。

七是引趣式。引趣，就是提出一些有趣的问题，比如给个与生活有关的趣题，给个与时节有关的话题，培养学生对学习的兴趣。

八是游戏式。游戏，就是在课堂结束时，安排一些与该课内容有关的游戏，使学生在游戏中进一步加深对所学知识的认识。

当然，一堂课结尾的教学设计方式不止这些，实际上也不可能呆板地采用单一的方式。在教学中应根据授课内容、学生的知识水平和年龄特征等因素综合考虑，设计出行之有效又生动有趣的结尾。课堂教学的结课方法很多，闫承利老师在《素质教育课堂优化艺术》一书中总结了 22 种：梳理内容式、归纳总结式、首尾呼应式、左右沟通式、指明规律式、画龙点睛式、提炼升华式、省略终止式、延伸展开式、含蓄暗示式、象征寓意式、异峰突起式、激发情感式、展现成果式、引导观察式、联系实际式、存疑探索式、联系巩固式、竞赛抢答式、分组讨论式、表格填充式。想具体探究的老师，可以找书来细读。

在研究结课问题时，我忽然想起一个故事来。

沈元老师在一节数学课快下课前，特地安排一点时间讲"数学文化"，他说："数学啊，了不得，它是科学的皇后，科学离不开数学；我们这段时间学的数论，是皇后头顶上的皇冠，数论非常重要；刚才我们讲的哥德巴赫猜想，则是皇冠顶上的明珠！有意思吧！"为师者"不经意"的"播撒种子"，播撒在学生心头，埋进了陈景润幼小的心灵。

沈老师这个经典的课堂结课的教学设计，更加坚定了我对"课堂结课的教学设计"的研究与实践。

结课重要，但划一模式下的"全课总结"，就值得反思。严洪育在《教育，你怎么了?》一书中有《全课总结，食之无味的"鸡肋"?》一节，作者给教师的警醒之言是：全课总结，并非非有不可，也并非总在全课后才总结，也不是汇报时间短的昙花一现和板书暗示强的虚晃一枪。作者强调，我们应该丰富全课总结的内涵，让全课总结不只是教学中的一个环节；我们也应该扩大全课总结的范围，让全课总结渗透到学生学习的每一个角落；我们还应该增加全课总结的时效，让全课总结成为学生复习知识、反思知识的一种自觉行为。

古人写文章讲求"起要美丽，中要浩荡，结要响亮"，课堂教学也是如此。研究与实践都表明：一堂课中，学生的思维状态呈现三个阶段的变化，即思维水平逐渐集中阶段、最佳思维水平阶段和思维水平逐渐下降阶段。教师在教学中务必考虑到学生思维的这一特点，努力实现具有"凤头"的导课、"驼峰"的过程和"豹尾"结课，即由精彩夺人的导课、引人入胜的过程、耐人寻味的结课而铸成浑然一体的课堂教学意境。

23. 感性与理性

感性和理性是一对矛盾统一的哲学词汇，两者之间是和谐统一的。教育教学作为一门艺术，同样要求教师在教育教学过程中，通过感性与理性的和谐交融，达成最佳的教育教学效果。

教育教学需要感性情怀，也需要理性思探。凌宗伟老师就写有《教育教学需要感性，也要有理性》一文，我摘录其中一些关键论点供读者分享：

> 我总觉得当下这样那样的模式推出来的"好课"，几乎千篇一律：激情有余而理性不足，强调外显的热闹，忽视了学生心智发展的规律与需要。

> "遇物则诲，相机而教"，其实就是要求我们教师在组织教学的时候，既要有感性，又要有理性。而且，我始终认为，感性必须以理性为基础。

> 那些看起来激情四射的课，如果离开了理性的支配，充其量也就是"热闹一时""开心一刻"，即便培养了学生的"情感态度"，我相信这种缺乏理性支撑的"情感态度"也是不牢靠的。

> 理性课堂，要的是沉稳，沉着，沉静，还要沉勇和沉醉，万不能沉闷与沉滞，这就需要教师在理性的支配下的率性和"随心所欲"了。我相信，随着他（注：凌老师的同事）的阅历的丰富，阅读的广泛，思考的深入，他的课堂是会在理性与感性之中找到一条合适的路

径的。

情智交融，也即感性与理性的圆融。关注感性就是要重视教学中有情感因素和学习的直觉感悟，关注理性就是要重视教学中有理性思维的参与，有思辨才能悟透。凌老师的观点，更倾向于"感性必须以理性为基础"和"理性支配下的感性激情"。

感性之于教学是重要的。朱小蔓教授曾说过："具有情感素养的教师，善于调动学生全部感觉器官进行学习，也能够觉察学生的情感反应，并把这种时刻变成教育契机。"是啊，激情使如春水般平静的课堂多了几道涟漪，也使师生平凡的人生增添了几抹光彩。要成为一名优秀教师，就要对教学充满激情，教学因激情而美丽。

理性之于教学也是重要的。恩格斯曾说过："一个民族要站在科学的高峰，就一刻也不能没有理性思维。"理性指人按照事物发展的规律及自然进化原则看待、处理问题的态度与能力，或具体指概括、判断、推理等思维形式；理性是一种具体的辩证思维，是最高级、最完全的认识能力；理性让我们带着思维走向学生，为思维而教，让课堂成为思维的乐园。

感性与理性的和谐统一。毛泽东同志说："感觉到了的东西我们不能立刻理解它，只有理解了的东西，我们才能更深刻地感觉它。"从这句话里可以发现，认识活动存在有不同的形式，分别是感觉到的和理解了的，而感觉到的和理解了的这两种认识形式之所以能帮助我们正确地认识世界，在于两者的辩证关系。感觉到的，就是感性认识；理解了的，就是理性认识。感性认识是理性认识的基础，理性认识是感性认识的升华，感性认识与理性认识是可以和谐统一的。

教育教学中确实存在着感性与理性失衡的现象。"过于重理性而轻感性"的样态：课堂教学沉闷、枯燥、照本宣科，教师讲课重结论轻过程，教学功利性明显，学习没有轻快、灵动、美感、惊喜，学生提不起学习兴趣，往往导致对学习的应付和厌烦。"过于重感性而轻理性"的样态：课堂教学表演成分多，教学氛围看似很浓烈，教师情感、动作丰富，往往流于形式，对知识的探索缺少层次感，对问题的剖析缺乏厚重感。

当然，许多教师自觉不自觉地、或多或少地将感性与理性融合于自己的教育教学中，我们这里想强调的是"在感性与理性的融合中多一些'自觉'"。让"感性与理性"的回环升华，在教育教学中受到更多教师的广泛应用。教师根据不同的教学情境，由"感性→理性→感性"或"理性→感性→理性"的回环升华，力求达到"情理相生，物我交融"的教学意境。

我去听一位语文教师的课，评课时，他说他的语文教学理念是"有感有思"，语文教学不仅仅是"有感而发"的激情讲授，还要重视"有思而探"的理性思辨。我说，这种理念体现了"情智交融"，也就是感性与理性的"水乳交融"，值得提倡。

我在给厦门一中王淼生老师《概念：数学教学永恒主题》一书写的序言是《让"冰冷的美丽"火热起来》，想表达的是"期盼理性的数学能感性起来"。序言中有如下文字：

> 数学教学中最为困难、最为棘手的就是概念教学，因此学术界将数学概念教学誉为"冰冷的美丽"。面对"冰冷的美丽"，我们是等闲视之、麻木不仁，还是摈弃冰冷、保持美丽，甚至让它火热起来？
>
> 张奠宙教授曾经提出：数学教学的目标之一是要把数学知识的学术形态转化为教育形态，通过数学知识的教育形式散发出数学的巨大魅力，体现数学的价值，揭示数学的本质，感染学生，激励学生，让数学"冰冷的美丽"焕发出"火热的思考"。
>
> 能让数学"冰冷的美丽"火热起来的教师，一定是优秀的数学教师。能让数学概念教学"冰冷的美丽"火热起来的教师，一定是更有

学术涵养的优秀的数学教师，王老师就是这样的老师。

理科类的教师多理性，理性的沉思使教师具有深沉宁静的性格，就中小学而言，尤其是小学和初中，如果教师只运用理性，让学生感到知识的深奥，可能使课堂趋于平淡，往往教学效果一般。课改背景下，强调"情感、态度、价值观"，许多理科类教师开始"感性起来"了，知网上一搜，就有诸如《让理性的数学课堂开出感性之花》《在数学教学中关注感性与理性的共同发展》《在感性与理性的相融中默化——例谈数学必备品格培养的策略》等论文，我们期盼这些观点，能成为更多理科类教师的自觉行动。

文科类的教师多感性，感性的奔放使教师具有激情开朗的性格，就中小学而言，尤其是高中，如果教师只运用感性，让学习不能层层递进，可能使课堂趋于浅显，往往教学效果也一般。课改背景下，强调"过程与方法"，许多文科类教师也开始"理性起来"了，知网上一搜，也有诸如《语文教学：理性与感性的统一》《语文教学：追寻感性与理性的和谐共融》《"感性"与"理性"的通融——浅谈美术教学中艺术性与科学性的有机渗透》等论文，我们期盼这些观点，能成为更多文科类教师的自觉行动。

比较统一的观点是：感性是实现理性认识的基础，理性是感性认识必要的升华。感性与理性既对立又统一，不能绝然将其分开。无论走向哪一个极端，都是不完美的。过于理性或过于感性的教学，都不能带给学生最有效的学习。

感性是人们对事物的各个方面、现象和外部联系的反映，具有生动性、形象性、直接性的特点；理性是人们对事物的全体、本质和内部联系的反映，能够从现象深入到本质。感性易使人产生情绪化，理性易使人具有理智性；感性蕴涵着自然朴实、同情心、感染力、细腻、激情和人情味，理性则体现着规律性、条理性、原则性、方向性和智慧聪颖。因此，教师在强调两者中的某一方时，绝不能忽略另一方。

多数专家认为，以理性来指导感性，以感性来辅助理性；感性是理性的先导与基础，理性是感性内涵的不断升华；教育教学，过于理性会刻板，过于感性会散乱，要探寻两者间的"黄金分割点"；教学设计宜用理性思维完美其架构，教学实施宜将感性情怀融入理性探索之中。

站在广义的感性与理性的视角，往往会有更多的发现。

著名教育家吕型伟有句名言："教育是事业，事业的意义在于奉献；教育是科学，科学的价值在于求真；教育是艺术，艺术的生命在于创新。"教育教学中的科学性，多指向理性；教育教学中的艺术性，多指向感性。教育教学，我们都要关注科学性和艺术性，理科类的教师多融入一些艺术性，文科类的教师多探索一些科学性，让理科也"以情感人"，让文科也"以理服人"。

学科的"好玩"，其实就是学科的"引趣"，要求教师"深入浅出"，让学生感到学习十分有趣，这是学习的原动力，这是充满感性的；学科的"玩好"，其实就是学科的"引深"，要求教师"浅入深出"，让学生能不断钻研深入探索，这是学习的内驱力，这是充满理性的。从"好玩"到"玩好"，把握好学科的趣味性和拓展性，让知时节的"好雨"适时润入学生的心田。

教育教学中的情与理，也可以理解为感性与理性。特级教师李伟忠就"情理课堂"有一段精彩的论述：在课堂教学中，既要注重情感、情境、情趣等感性因素，又要凸显文理、学理、道理等理性成分，力求课堂教学入情入理、情理相融。更形象地说，课堂以理为骨、以情为肉，使课堂教学骨肉丰满，这便是情理课堂。追求情理共生的教学佳境："情"的样态——激发情感，创设情境，凸显情趣；"理"的样态——遵从文理，凸显学理，传授道理；"共生"之境——坚持情感优先，实现理性唤醒，追求情理共生。

师者，用感性为课堂营创浓浓的情境，给学生一个生机盎然的学习园地；以理性让课堂充满智慧的温馨，给学生一个探无止境的精神空间；将感性与理性有机融合，追求诗意和深意的课堂，让课堂成为学生快乐生长和灵性成长的世界。

24. 教学与教"学"

　　昨天的文盲是不识字的人，今天的文盲是不会使用先进办公设备的人，那么，明天的文盲呢？联合国教科文组织已经对"文盲"做出了新定义：21世纪的文盲是那些不会主动寻求新知识的人，也就是不会学习的人。

　　换句话说，只有学会学习，才有资格和能力成为21世纪的新主人。换句话说，在未来，你所拥有的唯一持久的竞争优势就是有能力比你的竞争对手学习得更快。

　　在教育实践中，我们深深感到，一个学生要想取得优良的学习效果，单靠教师教得好、教得得法是不行的，他自身还必须学得好、学得得法。遗憾的是，在教育理论和教学实践中，长期以来，教学多研究教，少研究学。实践证明，忽视了学，教也失去了针对性，减弱其实效性。

　　教学，教学，理应包括"教"，也应包括"学"，但多数教师"重教轻学"，确切地说，是教师重视"自己的教"，轻视"教学生学"。随着课程改革的深入，"学会学习"的呼声在教育界中越来越高。"教学生学"，也即学生学习策略教育，是提高教学质量的需要，是发展学生核心素养的需要，也是学生毕业后进行自学和迎接未来挑战的需要。

　　中国学生发展核心素养以培养"全面发展的人"为核心，分为文化基础、自主发展、社会参与三个方面，综合表现为人文底蕴、科学精神、学会学习、健康生活、责任担当、实践创新六大素养。"学会学习"，是六大素养之一。

学习策略是个多层次、多水平、动态的有机系统，它主要由学习方法、学习调控和元认知组成。学习策略的这三大组成要素之间存在相互影响、相互制约、相互联系的密切关系。因此，我们可以把学习策略教育的目的定为如下三个层次：一是通过学习方法指导与训练，让学生掌握一般的学习方法；二是通过学习调控指导与训练，让学生领会并初步进行策略性学习活动；三是通过元认知指导与训练，培养学生元学习能力。

学习策略教育的方式有哪些？

一是课程式学习策略教育方式。

把"学习策略"作为课程纳入学校课程体系中，建议小学四年级、初一年级和高一年级分别开课，小学每四周、中学每两周一节课，使用类似《××学习方法指导》等教材。每位教师都可以对教材进行先行学习，成为自己班级的学习指导教师。

课程结束后，可以进行成绩评定。学生学习策略的评定，由三方面的成绩组成：第一，以教材内容为主编制测试卷测试，占 25%。如高中学习与初中学习相比，有哪些不同，你有何对策？期考安排三天温书迎考假，你该如何根据自己的情况，安排好复习时间和内容？第二，进行有关能力测试，占 25%。如利用数独检测学生的观察能力，利用找规律推断图形，检测分析、思维能力，利用默解、补充完整故事，检测学生的想象能力。第三，请学生写一篇学习策略小论文，教师提供部分参考选题，题目由学生自定，占 50%。如《确立适合自己的学习方法》《扬长避短，科学学习》《调控学习的方法》等。

二是交流式学习策略教育方式。

建议在小学五年级、初二年级和高二年级进行，订阅有关学习指导方面的报刊，组织学生阅读，并要求学生结合自己的学习实践，撰写学习方法小论文，或投稿，或出刊，或在班会上交流。请学习成绩优秀的学生介绍良好的学习策略，或请学习进步的学生谈学习成功的"秘诀"，这种来自学生的学习策略往往容易被学生所接受。

三是专题式学习策略教育方式。

小学六年级、初三和高三复习考试前夕，先请有关专家开设《总复习应考策略》讲座，再请小学毕业考、中考、高考科目有复习指导经验的教师分别召开各学科复习阶段的各科复习策略，让学生掌握复习阶段的学习策略和心理准备，争取在考试中取得好成绩。

四是课堂教学渗透式学习策略教育方式。

各科教师结合所教内容，不失时机地渗透学科某单元、某章节、某类问题的学习策略，这种微观的结合具体内容的学习策略指导，更具有可操作性、针对性等特点，对学生掌握学习策略，提高学科学习成绩很有效。同时，指导学生在学科学习策略的掌握和运用中，逐步领会学习策略的真谛，由单一策略的应用发展到多种策略的综合应用，并迁移到学生学习的全过程，保证策略性学习成为可能。

五是课题组讨论式、咨询式学习策略教育方式。

为了从更多的渠道对学生实施学习策略教育，学校"学习策略教育"课题组成员分别对不同年级、不同层次的学生召开讨论式座谈会，有针对性地进行学习策略教育，及时帮助学生剖析自己的学习现状，调节自己的学习方式方法。课题组还开设学习策略教育信箱（与心理教育信箱合用），开通心理咨询电话（含学习心理、学习策略教育），具体指导学生个体的学习策略。

六是选修课、活动课、微型课的学习策略教育方式。

面对众多的选修课程、活动课程、微型课程（即单题讲座或系列讲座），学生如何根据自身特点、兴趣爱好选择课程，就是一个策略问题。另外，这些课程的内容、教学方式、学习方法与必修课程有较大的差别，学习这些课程又是一个策略问题。请有研究的老师事先印发有关材料，通过年级主任、班主任和学生家长，指导学生分析学习情境，分析学什么、何时学、在何处学、为什么学和怎样学，让大多学生能较好地选择有关课程并按要求学好所选课程。

七是家庭教育中的学习策略教育方式。

家庭对学生的学习有一定的影响，让家长初步掌握学习策略教育的基本思想和方法，对提高学习策略教育的质量是很有帮助的。学习策略教育应充分利用家庭教育的力量，共同实施学习策略教育。如利用家长会，向家长介绍有关学习策略基本知识，让家长初步掌握指导孩子策略学习的方法；请家长配合督促孩子按策略性学习的要求进行实践；在家长学校里举办"家长谈策略性学习"的征文活动；让家长参与学习指导的讨论与交流；请家教有方的家长向师生和其他家长介绍家教经验，等等。

八是具体指导学生"会学"之道。

"学会"，只是说在学习过程中掌握了某种知识和技能；"会学"，则是指在学习的过程中掌握了学习方法，形成了学习能力。教师怎样指导学生"会学"呢？

会制定目标。目标正确能激励学生努力学习，为实现目标而奋斗。目标模糊则会产生很大的盲目性，因为连自己都不知道学习是为了什么，随波逐流，自然很难取得好的学习效果。"我今方少年，志当存高远。"指导学生尽早立志定目标，让目标成为学生进取的精神力量。

会主动求知。主动做好课前预习，甚至学期学年的预习，"凡事预则立，不预则废"；主动搞清疑难问题，不懂可向书本请教、向同学请教、向老师请教；主动弥补某些知识和能力上的缺漏，做到"有错必纠"；主动围绕学习中心，选做有关练习。被动学习的特点之一，就是"要我学"，感到学习很苦；而主动学习，就是"我要学"，感到学习是一种享受、一种需要。

会记好笔记。记课堂笔记，目的在于课后复习时便于回忆、理解，便于进一步消化、巩固和钻研。"会学"的学生是会科学记笔记的学生，会记笔记对人的一生的学习工作大有好处。一记知识的结构；二记老师讲的重要内容和典型事例，以及分析问题的思想方法和独特见解；三记课本上没有的内容；四记自己听不懂的问题和学习最困难的地方；五记听课的心得体会。

会发现问题。法国著名文学家巴尔扎克认为："打开一切科学的钥匙毫无疑义的是问号，我们大部分伟大的发现都应该归功于'如何'，而生活的智慧大概就在于逢事都问个为什么。""会学"者头脑中问号最多，敢于大胆质疑，发现新问题。比如，我们证完"两条高线相等的三角形是等腰三角形"后，就可提问"两条中线相等的三角形是等腰三角形吗?"，不难做到吧。

会触类旁通。触类旁通是一种知识技能的掌握促进了另一种知识技能的掌握，也就是某一种学习进步促进了另一种学习。这种能力运用得愈广泛愈好。"会学"者,举一能反三,"做一题,解一类"。比如,学习了"等边三角形"知识促进学习"相似三角形"知识;学完一元二次方程的根与系数的关系后,可研究"一元三次方程是否有类似的情况"。

会多方求解。"会学"者,在解决问题时,常常能从多角度去考虑问题,广泛地综合应有基础知识和基本技能,找到最简捷的解题途径。一道题,由于思考的角度不同可得到多种不同的思路,广阔寻求多种解法,有助于拓宽解题思路,发展观察、想象、探察、探索、思维能力。

会找出规律。"会学"者能自觉及时地总结归纳自己的学习心得,找出规律。如学习数学,能对大量的练习题进行归类,找出同类题的解题规律和方法,使自己不断取得更好的学习效果。比如,用十字相乘法解因式分解题,就可找出其规律"看两头,凑中间";解不等式组,就可找出规律"两大服从大,两小服从小,大小小大中间找,大大小小找不到"。

会用学习资源。工具书是"会学"者的好伙伴,也是"会学"者获取知识的重要材料。以字典来说,"会学"者不仅用以识别不认识的字,而且会把字典用作理解课文的钥匙;数学解题题典,不仅提供许多解题思路,还往往有数学思想方法的具体体现。网络资源就更丰富了,但网络是个"双刃剑",要学会在"网海"里冲浪,而不能陷入"网瘾"。

会运筹时间。"虚度光阴",将来后悔莫及;"埋头苦干",也不一定最有成效。"会学"必定会科学地支配时间,提高时间的利用率。但不论如何,努力请从今日始。"明日复明日,明日何其多!我生待明日,万事成蹉跎。世人皆被明日累,明日无穷老将至。晨昏滚滚水东流,今古悠悠日西坠。百年明日能几何,请君听我《明日歌》。"

会广泛涉猎。"会学"者都有旺盛的求知欲,常常涉猎人类文化的广阔领域,常常参加各类课外小组活动,不断丰富自己的知识,培养自己的能力。值得一提的是,就课外阅读而言,目前青少年读国学的多,读科技读物的少,读世界史的少;就兴趣小组活动而言,参加艺术的略多,参加体育活动的相对少些，是宜注意。

再次强调，教学，教学，既要重视"教师之教"，更要重视"教学生学"。"教的最高境界是不教"，"学的最高境界是会学"，学生"会学"了，教师教学才能达到"不教"的"最高境界"。

25. 科内与"科际"

科内，这里实指学科内；"科际"，这里实指学科之间。

我国中小学教师，绝大多数有一门自己所教的学科，这种分学科教学相沿成习，已经成为一种思维和行动定势。师范教育，按学科分出"某某学院"或"某某系"；教师培训，按学科分类进行；省市级教研室，多数也是按学科分出"某某学科教研员"；中小学，也是按学科分出"某某教研组"；高考中考，也基本上是按学科进行的，"3+X"背景下的高考，虽说有文综理综大类，也多为学科内的"拼盘"，真正学科间的综合，微乎其微。

作为教师，在教学中首先要做好学科内的综合，让学生透视学科内知识上的纵横联系和方法上的触类旁通，对学科有一个全面的、系统的、深刻的认识。

我们来看一道数学题，其他学科可以类比思考。

已知：a、b、$m \in R^+$，且 $a<b$，求证：$\dfrac{a+m}{b+m} > \dfrac{a}{b}$。

第一节课，师生共同探讨了分析法、综合法、求差比较法、求商比较法、反证法进行证明，课堂练习之后，再探讨放缩法、构造函数法、增量法进行证明。这节课的作业是"研究本题的第九种新证法"，学生可独立思考也可集体攻关。

第二节课，让有新证法的学生讲新证法，师生又共同探讨了定比分点法、斜率法、三角法、几何模型法新证法，课堂练习之后，继续探究，师生有得到用正弦定理法、相似三角形法、换元法、双换元法、综合法及放缩法、定义域及值域法的新证法，让学生感受到"柳暗花明又一村"。这节课的作业是"研究本题的第二十种新证法"，学生可独立思考也可集体攻关。

第三节课，老师问学生：有谁还能再开动脑筋、挖掘潜能，探寻新证法，老师继续引导学生探索用椭圆离心率法、双曲线离心率法、函数图象法、两直线位置关系法、矩形面积法、定积分法进行证明，学生步步惊愕，全班沸腾了！这节课的作业是"在未来的日子里，研究本题的第二十六种新证法"，学生可独立思考也可集体攻关。

这道题让学生"透视"一个简单不等式问题背后的博大精深的"世界"，学生在探索新证法的过程中进一步体会到数学知识和方法之间的联系，启迪学生更深刻地"领悟"数学解题的奥妙与真谛。

按学科分类进行教育教学，肯定有它的好处，但"固守"学科也肯定有它的不足，"他科的世界很精彩"，何不出去看一回？

绝大多数教师和学生都很少考虑学科之间的联系，其结果必然禁锢和封闭了思维的发展。学科教学的"深挖洞"，已经挖得很深了，而学科教学的"广积粮"，却无"广"可言。

你问问自己或问问同事，有谁能胜任两门学科的教学？

我们很可能胜任不了两门学科的教学，但我们可以在"科际联系"中做好文章——加强学科之间的有机渗透、相互融通。

首先，我们要有"科际联系"的意识。

多数学者认为，学科内容的发展趋势必然影响课程教学内容的发展走势，学科和课程的分化与综合是辩证的。分化是综合的基础，综合是分化的结果；没有分化就没有综合，在分化基础上的综合和在综合基础上的分化，既是当下学科和课程发展的基本趋势和规律，也应该是未来学科建设和课程改革的基本依据。基于此，教师就既要有学科意识，也要有"科际"意识，这样就能让学生看到一个分化后的学科和一个可能综合后生成的新的研究领域。

综合课程，也许是进行"科际联系"的好平台。比如文科小综合、理科小综合、国际理解教育课程、环境教育课程、模拟联合国课程、"海的世界"课程、"山的奥秘"课程等。综合课程要突出主题，强调全面性、综合性、系统性和深刻性，注重学科之间的有机联系，而不是学科课程的简单叠加，更不宜成为碎片知识的"大拼盘"。

其次，我们可以适度跨学科学研。

跨学科学研，就是教师有意识地跳出自己所教学科，去学习、研究其他学科的知识、教师教学情况和学生学习情况，类比迁移到自己所教的学科中去，以及在自己的学科教学中进行学科间的"横向联系"。

跨学科学研，至少可以先从跨学科听课、跨学科教研和跨学科阅读做起。

跨学科听课，有助于教师了解学生的整体学习情况；有助于各科教师相互学习、交流，提高自身综合素养；有助于了解"科际联系"，以便在自己所教学科中注意这种"联系"。

音乐老师，也许可以从语文老师那里感悟到音乐教育的文化担当；语文老师，也许可以从数学老师那里感悟到思维的严密性；数学老师，也许可以从体育老师那里感悟到运动场上也有不少数学问题……

通过跨学科听课，教师学到的不仅是某一学科的教学内容，还学到了每一位执教教师尤其是名师的从课堂教学中所表现出来的个人素养，如渊博的学科知识、精湛的教学技艺、深刻的教育思想、优秀的道德品质、感人的人格魅力等，而这种学习是没有学科界限的。

记得有一位教师，他若参加多学科的学术会议，就会根据多学科会议的安排，找机会佯装成某学科教师，混进去听讲座或听交流，获取他科教育思想、教学经验和教学艺术，在自己所教的学科中"软着陆"。这位教师在教学中常常出新，教学水平提升很快，令人称奇。他在自己的博文中感叹道：听"它"一席话，胜教十年书！

跨学科阅读，就是教师有意识地找些其他学科的教育教学书籍或其他学科专业杂志进行阅读，还可阅读综合类教育杂志中其他学科的文章，这样既能扩大知识面，更能获取他科研究成果，取他科之"石"，攻本科之"玉"。

再次，我们要善于积累。

《小学教师专业标准》中基本内容中的第 26 条"适应小学综合性教学的要求，了解多学科知识"和《中学教师专业标准》中基本内容中的第 27 条"了解所教学科与其他学科的联系"，这些内容也从某个角度告诉我们"科际联系"是对教师的基本要求。

以数学学科为例，华罗庚教授说过："哪里有'形'，哪里有'量'，哪里就有数学。宇宙之大。粒子之微，火箭之速，化工之巧，地球之变，生物之谜，日用之繁，无处不用数学。"当今世界，数学已渗透到各个领域。华老当年早已实现"科际联系"了。

我家的书架上就有《数学与文化》《数学与文史》《数学与文艺》《唐诗与数学》《寓言与数学》《麻将与数学》《文物与数学》《音乐与数学》《心灵的标符——音乐与数学的内在生命》《数学与军事》《数学与经济》《数学与教育》《数学与哲学》《数学与创造》《数学与未来》《数学与美学》《数学与美术》《数学与金融》《数学与建筑》《数学与计算机》《数学与人》《数学与科学进步》《数学与生活》《数学与人类文明》《数学与智

力游戏》《神话中的数学》《文学中的数学》《运动场上的数学》《故事中的数学》《社会科学中的数学》《数学科学与辩证法》《生物数学趣谈》《印刷数学》《趣味数学——扑克游戏全攻略》等书，每本读下去，都是一个"科际联系"知识的积累。

我以为，任何一位学科教师，都有责任传播学科文化。作为数学教师，我经常在做完"科际联系"之后顺便这样说：革命导师马克思曾说过，"任何一门科学，只有当它充分应用了数学时，才能得到很好的发展。"

"科际联系"的艺术在于"用心"和"有机"。近年来，我侧重研究"数学文化"，其中有一个挑战的研究内容——数学知识的横向渗透，研究之后，我甚至想写一本书——《数学无处不在》。比如用"孤帆远影碧空尽，唯见长江天际流"来说明"极限"，用"三分之二"猜数学名词"陆续不断"，就是数学与文学的"科际联系"；再如向日葵葵花籽的分布规律与斐波那契数列的关系，呈螺线形的螺壳，就是数学与生物的"科际联系"。

事实上，"学科科际联系"是一个很值得研究的课题。科学发展走向高度细分化和高度综合化发展时代，中小学学科教育理应"科际联系"。如果我们的每个学科课程都"有机"联系其他学科，我们每个学科教师都"用心"联系其他学科，学生就会整体地看问题，就会逐步学会系统思维和综合思维，就能打下一个适应未来的基础。

当然，基础教育毕竟是"基础"教育，学科间的"科际联系"应有一个"度"。

"度"的把握，也是一门艺术。

未来的人才应该具备怎样的素质？至少有一条，就是要有跨越学科的综合素养。

有校长坦言："对于学校教育来说，让学生具备这样的素质，就需要有超越学科教育的'大教育'的观念。这就需要教师从'学科人'升级为'教育人'。"

26. 科学与人文

李政道先生在一次演讲中说："科学和艺术是不能分割的，它们的关系是与智慧和情感的二元性密切关联的，艺术和科学事实上是一个硬币的两面，它们源于人类活动最高尚的部分，都追求着深刻性、普遍性、永恒和富有意义。"赫青黎曾说过："科学和文学不是两个东西，而是一个东西的两个方面。"

上述观点中，我们用"人文"替换"艺术"或"文学"，道理也是一样的：科学和人文，是一个硬币的两面，也即一个东西的两个方面。

科学少了人文，就少了气质；人文少了科学，就少了理性。科学和人文，相辅相成，缺一不可。然而，伴随着"国学热"和弘扬传统文化的热潮，重人文轻科学现象值得注意。

"百家讲坛"有几讲是科学家讲的？

一次出差，在火车上，邻座的一个上三年级的小女孩，兴致勃勃地向旅客背起唐诗来，这孩子记忆力真好，背诵也声情并茂，从李白的"床前明月光"，背到杜甫的"两个黄鹂鸣翠柳"，甚至连李商隐的"相见时难别亦难"也背得一字不差，大家连连称赞这孩子聪明。孩子的母亲也非常高兴。

火车又进了一站，孩子的唐诗也背得差不多了。出于职业的习惯，我对孩子说："叔叔给你出几道智力题好吗？"孩子和母亲连声说："好。"我说："把一根棍子锯成三段，要锯几次？"答："三次。"孩子的母亲和旅客都笑了："上当啦，应该锯二次。"孩子也不好意思地笑了，说："再出几题。"我又出了十几道并不太难的智力题，如"将一块豆腐切三刀最多可切成几块？""两人两天喝两斤水，四人四天喝几斤水？"等等，孩子的回答并不理想，看来她平时很少做这类题。

这件事反映了家庭教育中存在的一个问题，一些家长误认为记忆力好就等于聪明。一个人的聪明程度，即智力水平，包括观察、记忆、想象、思维等因素，而从小培养孩子的观察、想象、思维能力更重要。让孩子读些他们大致能理解的唐诗是可以的，这有利于发展孩子的记忆力。但更应该注意选择一些培养孩子观察、想象、思维的智力问题或思维游戏，让孩子在"玩中学，趣中悟"，让孩子的智力得到全面发展。

这件事说的是记忆与智力的关系的问题，但说到底还是人文与科学的关系的问题。

中国学生发展核心素养以培养"全面发展的人"为核心，综合表现为人文底蕴、科学精神、学会学习、健康生活、责任担当、实践创新六大素养，"人文"素养与"科学"素养是列在最前面的两大素养，这说明了什么？

下面我们讨论几个与教育相关的科学与人文的问题。

第一，科学与人文。

科学为人类社会提供了物质条件，人文为人类社会提供精神保障；科学主要反映客观事实与规律，人文指有关人的一切知识和精神；科学教育主要包括科学知识、科学思维、科学方法、科学精神的教育，人文教育主要包括人文知识、人文思想、人文方法、人文精神的教育。

科学精神是人类理性与创新的源泉，人文精神是人类社会和谐与进步的基石；科学精神还可理解为求真务实、开拓创新，人文精神可理解为以追求真善美为人生价值，以寻求人的自主和谐发展为人生理想；科学精神是科学教育的核心，人文精神是人本教育的核心；科学精神倡导猜想、质疑、探索、创新、实验、实证等，人文精神倡导自主、能动、体验、感悟、尊重、兴趣等。

科学与人文渗透融合于人类文明中，共同形成人类文化世界。在一个完整的教育过程中，科学和人文原本应是统一的，科学实质上也是一种人文。人们常常将科学和人文相对立，这是一种误解。重视对学生进行科学与人文教育，是时代潮流发展的需要，是课程改革发展的需要，也是学生全面发展的需要。

杨叔子院士对"科学与人文"有许多精彩的论述，他在《科学人文和而不同》一文中说："科学所追求的目标或所要解决的问题是研究和认识客观世界及其规律，是求真。人文所追求的目标或所要解决的问题是满足个人与社会需要的终极关怀，是求善。""科学需要人文导向，求真需要求善导向。人文需要科学奠基，求善需要求真奠基。""科学与人文是共生的，是互动的，有以人文导向的科学，也有以科学奠基的人文。"

通俗易懂的话语，让我们对科学与人文，有了更深刻的认识。

第二，科学与人文的融合。

科学有科学的知识和价值，人文有人文的知识和价值，对一个成长中的青少年来说，这些知识和价值，都是促进他们健康生长所必需的，科学教育和人文教育缺一不可。

杨叔子院士早年在《教育研究》中，就写有《绿色教育：科学教育与人文教育的交融》一文，标题点明"交融"。他在《科学人文和而不同》中指出："科学与人文共生互动，相同互通。然而，科学毕竟是科学，人文毕竟是人文，既彼此密切相关，又相互明显区别，即'和而不同'。"

肖峰教授在《论科学与人文的当代融通》一书中直言："可以说没有

科学传播的教育只是培养信仰而非教育，没有人文影响的教育只是传授知识也非教育。只有二者的结合才是真正意义上的现代教育。"

再听听爱因斯坦怎么说，他在谈到艺术和科学的关系时说："科学和艺术的本质是一致的，它们都源于对真善美的共同追求，它们又是互补的，互相之间都可以以想象而激发对方的灵感。""艺术和科学，可以把人们引离日常生活中令人厌恶的粗俗和让人绝望的沉闷，可以使人们摆脱反复无常的欲望的桎梏，而走进自由思维的大地。"

我们在百度或知网上搜一下"科学与人文"，我们会发现搜到的文献都在说"融合"。还是杨叔子院士说得好：从某一角度上看，科学是在讲"天道"，人文是在讲"人道"；固然，"天人合一"，在更深层的意义上是指"天道人道合一"；但从某一角度上看，也可指科学与人文的互动、互补、交融、合一。"天人合一"，是中华民族文化一大精华，特别在今天更为国内外一切有识者所公认。

老师们扪心自问，我们在教育教学中做到"天人合一"了吗？

第三，中小学教育如何做到更有效的融合？

科学教育中的两个问题——"更科学"和人文渗透。长期以来，科学教育多由理科教师来实施，教师要结合理科教学，把"科学"讲深讲透，讲出"科学味"，这是理科教学的基本要求。但科学教育要"人文化"，这种"人文化"不是贴标签的，而是"统筹下的融合"，是科学与人文的有机结合、相互渗透。

理科教师要不断修炼自己的人文素养，为科学教育人文化奠定基础；要充分利用理科内容的人文精神，如环境保护、生命健康、爱护动物等，设计"融合"路径；要注意挖掘科学史中蕴含的人文精神，如科学家的思想、探索、性格、情趣、生活，科学的美学价值，科学的思想、道德价值等，让理科课堂充满人文氛围；要在师生交往中体现人文精神，理科教师不仅要有学识魅力，还要有人格魅力，言行举止、师生交往蕴涵人文情怀。

数学教师讲"极限"时，用"孤帆远影碧空尽，唯见长江天际流"来创设情境；巧用回文年（如2002年），结合回文联和回文诗，引出回文数和回文式；用"孤舟蓑笠翁，独钓寒江雪"猜一数学名词，引出"公垂线"概念；"欲穷千里目，更上一层楼"，这鹳雀楼需要多高，诗人在楼上极目远眺，才能看到千里之远？数学教学中的"诗教"，用得巧妙，就是一种数学与人文的自然融合。

人文教育中的两个问题——"更人文"和科学渗透。长期以来，人文教育多由文科教师来实施，教师要结合文科教学，把"人文"讲明讲透，讲出"人文味"，这是文科教学的基本要求。但人文教育也要"有科学"，这种"有科学"不是"科学主义文科教育"，而是建立在科学精神和人文精神融合的"科学人文主义教育观"下的文科教育。

文科教师要不断修炼自己的科学素养，为"文理交融"奠定基础；要充分利用文科内容中的科学精神，如哲学中的辩证、文学中的想象、史学中的探源、地理中的考证，人文感悟促生科学，人文作品折射科学之光等，让"科学"像知时节的好雨悄然润入"人文"园地；要注意挖掘人文史料中蕴含的科学精神，如人文社科大师的思想、坚守、率真、执着、严谨等，让文科课堂充满理性的温馨；要在师生交往中体现科学精神，文科教师不仅情商要高，还要有理性思维，教育教学中不仅要"以情感人"，还要"以理服人"。

美术算是大文科吧？文科老师读一下《名画中的数学密码》一书前言中的一段，也许对"融合"会有新的感受：

在人们的印象中，艺术家疯疯癫癫，数学家痴痴呆呆，艺术和数

172

学风马牛不相及，即便有点什么关系也是简单的黄金分割的画面分布，或者数学公式的直接美感。然而数学和艺术都是人类智慧的结晶，在哲学的高度殊途同归。艺术是形象思维的高度抽象，数学是逻辑思维的高度抽象，数学研究数和形，所以也包含形象逻辑，艺术也讲究逻辑，所以也包含逻辑形象。数学的深刻思想有时在似乎无数学训练的艺术家的画面上诠释，艺术的精彩理念也会在远离艺术的数学家的推演中淋漓宣泄。

何旭明在《科学与人文：课程的一体两面》中有如下精彩论述："教育的科学面追求知识与智能，人文面追求感悟与情怀；教育的科学面呈全球化发展，人文面呈本土化发展；教育的科学面务实，人文面务虚；教育的科学面强调简捷与效益，人文面侧重曲折与浪漫；教育的科学面强调学生的'超脱'，人文面强调学生的'融入'；教育的科学面在教学中突出'理'，人文面在教学中突出'情'；教育的科学面重在外铄，人文面重在内源；教育的科学面突出分析，人文面重在整体。"

感兴趣的读者，可以找书细读，一定会有更全面更新的感受。

值得一提的是，我们强调科学与人文的融合，但科学教育与人文教育有不同价值追求，"融合"不是"削峰填谷"。科学教育与人文教育，既要各自彰显其独特的价值，又要在"融合"中产生新的更大的教育价值。正如何旭明教授所言："科学教育与人文教育只有各司其职，方能各得其所，科学与人文应该彼此兼顾、相互关照，而不是两面的对抗或完全'融合'。"

27. 理论与实践

"实践有余，理论不足。"我经常听到中小学教师这样评价自己，应该说这是中小学教师群体的总体情况，这与中小学教师的工作性质、工作环境等有关，有可以理解的一面。但仔细分析下去，就会发现"实践有余"多为实践经验，相对缺少对实践智慧的总结和升华，这种"有余"还有很大的提升空间；也会发现"理论不足"多理解为教育学心理学的理论不足，其实有相当多的应该掌握的诸如课程改革理论、课堂教学理论、学科教学理论、教师成长理论等没有掌握好，对"不足"的认识有偏差。

中小学教师的教育理论从何而来？

当老师以前，你若是师范院校某个学科专业的学生，师范院校里的学习，就为你的教育教学理论和学科教育教学理论奠定了基础；你若是非师范院校的学生，你的教育理论和心理学的理论，往往是在参加教师资格考试时，自学或参加培训获得的，这也成了你的教育理论的基础。

入职教师行业之后，许多教师，工作勤勤恳恳，具有奉献精神，把绝大多数时间和精力用于平时教育教学的繁杂琐碎事务中，这种敬业精神令人敬佩，但"敬业更要精业"。教师的精业，就是以一种精益求精的态度对待自己的工作，认真负责，高效能而且出色地做好自己的工作，力求教育教学从粗放走向精致。精业之路，没有教育理论的支撑是行不通的。

教师如果不注意教育理论的学习，不善于践行先进的教育理念，久而

174

久之，就很可能成为一名"教书匠"；而一个教师如果能积极面对教育教学中遇到的问题，用教育理论、教育理念加以分析，从中找到破解之策，这样的教师就是时代呼唤的"研究型"教师。

中小学教师怎样提升自己的理论素养？

如果你还是一位在师范院校学习的未来教师，我建议你不仅要学好学科专业知识，还要努力学好教育学、心理学、课程理论、教材教法等教育专业知识，也许这些知识对你未来的教育教学工作来说极为重要。我读师专时，全班同学对数学专业的学习还是比较重视的，但对教育学、心理学等教育专业知识都不大重视，老师划几个重点让我们背，临时突击也能过关。当老师后，才发现教育学和心理学知识似乎更重要。

我现在的教育理论，是毕业以后通过自学、参加各种学术会议、函授本科学习、教育硕士学习、国家级骨干教师培训和在北师大读博士课程班学来的，如果当年在校时多学一点、学深一点、积极向大学教育心理学的老师请教，就能早一点站在一定的理论高度上审视教育现象，改进教学工作。

职后的教育理论素养的提升，至少有以下路径：

一是可以在各类培训中提升。现在各地都非常重视职后教师教育，实施多层次、全方位、高质量的教师培训工作，有校级、区县级、地市级、省级的新教师、年轻教师、骨干教师、学科带头人、专家型教师和卓越教师的系列培训计划，同时还有国培计划等教师成长培训项目，如果老师们能有机会参加这样的培训，就一定要珍惜这样的培训，这是一种非常有针对性的教育理论学习。

二是可以通过教育类刊物的学习提升。教师可以订阅一些学科专业杂志学习，学科专业杂志多有学科教育教学的理论，这些理论有些是通用的，也有些是这个学科特有的，掌握学科教育教学理论，对学科教育很有帮助。此外，还应利用学校图书馆和教师阅览室的资料坚持学习，如《教育研究》《课程·教材·教法》等，每期至少有5-6篇文章是中小学教师可以读的，这是中国最高端的教育类杂志之一，读了之后你对教育教学会有更深刻的认识。还有《人民教育》和本省的教育杂志，整本杂志你都可以读，我曾经说过这样的话："为师不可不读刊，读刊不可不读《人民教育》。"《中国教育报》和《中国教师报》等，也可以从中找相关的文章来读。

三是可以通过教育类书籍的学习提升。除了阅读教育类刊物，还要阅读教育类的书籍。普通教育类的书籍，内容包括教育理念、教育艺术、教育方法、教学技巧、课程改革、教师发展等；学科教育类的书籍，内容包括学科教育论、学科教学论、学科心理学、学科学习学、学科方法论、学科课程改革、学科核心素养等。教师所读之书，可以让同行推荐值得一读的教育类书籍；可以从"名师荐书"栏目中寻找好书；可以从每年一度的教师喜爱的100本书中选择自己喜爱的书；可以在"当当购物"里搜索想要的书等。"最是书香能致远"，"致远"是不能没有"理论"的。

四是可以通过线上学习提升。北师大何克抗教授说："因特网是世界上最大的知识库、资源库，它拥有最丰富的信息资源，特别适合学生进行'自主发现、自主探索'式的学习。"其实，教师也特别适合利用网络进行线上学习，这就要求教师提升网络学习意识，学会使用网络工具，逐步熟练网上技巧，选好网校选好课程，在线学习主动交流。网络世界，可以说是一座巨大的图书馆，存放在里面的大量信息，可供老师们去搜索查询，比如知网，比如百度学术，但真正有意识去利用且用得好的教师不多。

五是可以通过教育研究提升。从事一项课题的研究，从课题的选题、

176

论证入手，进行文献综述，读他人文章著作，进行课题计划，进行课题实施，还要进行数据的收集、资料的整理、课题结题等，总之，要经历课题研究和实验的全过程。在完成课题的过程中，参与课题研究的教师学习了许多教育理论，也培养了科研能力。学会了做课题，就能自觉地将实践纳入科研的轨道，学会在理论指导下进行工作，成为一名扎根于中学"土壤"的教育科研专家。

丁道勇博士在其《唤起教师的理论兴趣》一书中指出：正是凭借一两次积极的科研体验，"理论介入的课例研究"帮助教师建立起"理论原来如此重要"的信念，让教师有兴趣参与到对理论的学习与争议中来。这样，在这种模式的研究过程中，教师专业判断的理智基础将一再得到显现、挑战、精炼和完善。教师工作的"理论味"就在这个过程中得到实现。重要的是，这种"理论"不是不通实务的"掉书袋"，而是直接回应教师当下关心的那些难题。

中小学教师不是教育理论的"旁观者"，在推进教育教学的过程中理论不能"缺席"。"把理论还给教师"，需要教师自身的"理论自觉"和自身的艰苦努力，也需要得到所在学校、所在区域、教研科研部门和涉及教师教育的高等院校的共同帮助。

坚持理论与实践相结合，是中小学教师走向真正专业成熟的必经之路！

在教育实践方面，"实践智慧"怎么提升？

教师的实践智慧是十分丰富的，优秀教师在注重积累的基础上，往往还特别注重积累自己和他人的教育实践智慧。同时，对这些实践智慧往往会灵活地加以激活、整合和运用，从而生成新的实践智慧。

有学者认为，教师的实践智慧包括下面三个方面的含义：

一是教师对教育合理性的追求。从教育主导看，它要求教师在经验和公共教育理论之间有意识地建构合理的个人教育理论；从教育过程看，它要求教师把课程文本当作师生进行"理解"的引子，在师生已有理解的基础上建构共有知识；从教育评价看，它要求教师对学生进行基于形成性评价的终结性评价。

二是教师对当下教育情境的感知、辨别与顿悟。教师打破对教育常规的过分依赖，在教育教学中有了"自己的视角"；教师树立了在教育情境中的反思意识，"想清楚了再做"；教师确立更具弹性的新教育常规，"心有常规，不唯常规"。

三是教师对教育道德品性的彰显。在目的维度方面，教师要消解认知主义，注重学生在德、智、体和知、情、行方面的共生共长；在关系维度方面，教师要在课堂教学和主题活动中发展互动意义的师生关系。

《做有思想的行动者》（郑慧琦等主编）一书，是上海一批教育科研专家对 20 位研究型教师成长的案例研究成果集。书中总论给出"研究型教师成长的七大要素"中的第三条是"经验积累"，具体分四步进行。

第一步，积极实践。要积累实践智慧，首先要有经验之源，而积极实践能让教师增加经验积累的素材，丰富个人的体验。其中，多看、多想、多做，是研究型教师积极实践的集中表现。多看，就是博采众长，利用一切机会学习同行的实践经验；多想，就是在自己实践和"看"同行实践经验之后，不断比较、鉴别，统整先进，形成自身的个性化经验；多做，就是不满足于清谈，不满足于接受，而是在了解和沉思的同时，付诸行动，在实践中真正把握所"听懂"、所"理解"的东西。这种"看""听""做"，是主动的、积极的，是出自专业发展的一种自觉要求。

第二步，勤于记录。实践经验要显性化、文本化，记录是必不可少的。这些记录，可以是报刊上读到的，可以是平时教育教学发现的，可以是参加各种研讨、观摩活动时见到的，这些材料是利于保存、便于提取的，也是值得回味和有待加工的。随着现代信息技术的普及，许多教师在网上开设了个人教育博客，把记录的内容和大家分享，从而使记录的意义进一步拓展。

第三步，善于整理。整理，就是对实践经验的条理化和系统化。整理，其实是在筛选的基础上进行归类和储存，这样可以"去粗取精、去伪存真"，便于随时提取，这是知识管理的初步过程。一个好的知识管理体系，往往能体现思维加工的水平，体现条理化、系统化的水平，甚至还能体现教师对经验的理解、认同和理性思考的水平。

第四步，回归实践。在原有经验的基础上，通过不断的再实践，给经验赋予新的意义，并不断创造出新的经验，使经验得以提升和增值。再实践，是教师个人经验在加工整理后，再回到实践中接受检验和持续完善，不断建构不断提升；再实践，还意味着经验的有意识传播与推广，在更大的范围内接受实践的检验，扩大实践经验的效益。再实践，不是简单的重复，而是基于"原实践"的理性介入的再探索。

优秀教师的成长，积累实践智慧是一个比一般教师更为主动的过程，他们非常关注实践经验的加工和积累效应的发挥，他们往往能从当下的经验中捕捉经验中更深层的意义和经验中蕴含的未来的意义。

老师们，积累实践智慧，智慧是"新智慧"之母。

28. 育分与育人

"分分分,学生的命根;考考考,教师的法宝。"我们知道,这种说法是不对的。但时至今日,哪个老师不重视"考"?哪个学生和家长不看重"分"?调查发现:"目前最困扰家长的教子问题"排在第一位的是"孩子的学习"。而孩子的学习成绩是用"分"来衡量的。

"没有分数过不了今天,仅有分数过不了明天",为了能"过得了"明天,我们还要什么?

听听锡山高中唐江澎校长怎么说:"学生没有分数,就过不了今天的高考,但如果只有分数,恐怕也赢不了未来的大考。分数是重要的,但分数不是教育的全部内容,更不是教育的根本目标。如果我们的教育只关注升学率,国家会没有核心竞争力。我认为好的教育应该是培养终生运动者、责任担当者、问题解决者和优雅生活者,给孩子们健全而优秀的人格,赢得未来的幸福,造福国家社会。"

网友纷纷点赞,有的说"好的教育不能只用分数来评判",有的说"好的教育让学生学会成为一个更好的自己",有的说"好的教育会让孩子学会做幸福的人"!

"育分",是以获得较高的考试分数为目标的教育;"育人",是以"立德树人"为根本任务的教育。片面"育分"体现的是应试教育,注重"育人"体现的是素质教育。对"育分"做新的诠释,不把"育分"与"育人"对立起来,而是积极探寻"育分"与"育人"的有机结合,确实能减轻学生过重的课业负担,让学生全面发展健康生长。

第一，"育分"要科学。

纵观全国基础教育的迎考，多数学校为"火热的"，也就是通过延长教学时间（有"白加黑"即晚上也排课的，有"五加二"即双休日也排点课的，也有"晨练"即早读课之前的学习等），通过加大练习量，"育分"导向十分明显；有一小部分学校为"精准的"，也就是通过大数据分析学生的学习情况，实施有针对性的教育，既精准于面向大众的教育，又精准于面向小众的教育，还精准于面向个体的教育；极少部分学校走向"素养的"，全方位促进学生全面而有个性的发展，培育学生核心素养，设置高品质的校本课程，追求智慧、生命和文化交融的理想课堂，教师不为分数而教，学生却赢得分数。

有些学校是以教育效率至上来追分的，表现为教学过程教条化、模式化、单一化、静态化，日日清、周周清、月月清，效率意识贯穿始终。这种"效率至上"，其本质就是"功利至上"，与分数有关的课程和教学就加强，与分数没有直接关系的课程和教学基本不闻不问，这是一种典型的"育分"。

有些学校是以发展至上来育人的，表现为着眼于学生的发展，建设品质求高、内容求丰、体系求佳、运行求活、整统求新的校本课程，不仅培养学生当下的学习能力，还注重培养学生未来的全球胜任力，教师的教育质量观是建立在学生全面发展、共同发展、差异发展和持续发展上的质量观，学生有了"发展"的基础，获得一个好的分数是自然的事。

如此看来，即便是"育分"，也是可以靠"科学"来"育"的，这就是新的"育分观"。从教师角度，我提几点建议。

一是提升自身素养来"育分"。未来教育对教师提出了新的要求，教师应该积极内化未来教育理念、彻悟课程改革意蕴、调整教学思维、凝练教学内容、丰富教学方式，做好自身专业素养和技能素养的提升。换言之，新的"育分观"，倒逼教师能力升级。

二是激发学习兴趣来"育分"。"兴趣是最好的老师"，学生有了浓厚的学习兴趣，其目标更明晰，其意志更坚强，其情感更良好，其性格更刚毅。兴趣可以产生强大的内驱力，可以充分发挥人的聪明才智，促使学业成绩稳步提升。

三是培养学生思维来"育分"。当下多数教师的教学，是"带着知识走向学生"，如果教师能"为思维而教"的话，知识才能转化为人生智慧的力量。思维影响学习的深浅、影响学习的速度、影响学习的方式，相信学生还有巨大的思维潜能，教师要将思维教育进行到底。

四是利用信息技术来"育分"。信息技术给教育教学带来了全新而深刻的革命，在很多方面是传统教学手段无可比拟的，充分利用好信息技术提升教学质量，将有着迷人的广阔前景。教师至少可以先从"数据统计精准施教""活用媒体有利变式""巧用平台获取资源"等方面入手，提高教学效率。

五是发掘学科价值来"育分"。学科教育的价值远未被发掘出来，教师要有持续发掘学科价值（育人价值、智力价值、方法价值、探索价值、激趣价值、审美价值、文化价值等）的能力。应试教育观下的学科教育，发掘价值是很有限的。追求学科教育的真谛，就要不断发掘价值。发掘价值，就是超越"双基"，就是升华"三维"，更是走向"素养"。

六是授予学习方法来"育分"。良好的方法，能使学生更好地运用天赋的才能，而拙劣的方法，则可能阻碍学生才能的发挥。"方法比知识更重要!"让学生掌握学习方法，登上学习快车，可以达到事半功倍之效。

七是训练应试能力来"育分"。我们说："应试教育不可有，但应试能力不可无。"填写信息，稳定情绪；总览全卷，区别难易；认真审题，灵活答题；过程清晰，稳中求快；心理状态，注意调节；尽量多做，分分必争；抓住"题眼"，搭建"桥梁"；遇到易题，格外小心；思路暂塞，学会变通；注意检查，减少失误等，都是应试的能力。

第二，"育人"要自觉。

教书育人，是教师的天职。优秀的数学教师，不仅要教"数学书"，更要在教"数学书"的过程中育人。现代育人观的内涵是很丰富的，既包括德育和智育，也包括艺术和文化。

最为抽象的数学学科，离德育远吗？

不远！

数学是人创造出来的意识形态，数学依然具有人文色彩，我们完全可以在数学教学中渗透德育，完全可以充分开发数学学科的德育功能，推动数学学科德育进步。

张奠宙先生和他的团队，尝试构建数学学科德育的框架。数学学科德育框架=一个基点+三个维度+六个层次。

一个基点：热爱数学。三个维度：人文精神，科学素养，道德品质。六个层次：第一层次，数学本身的文化内涵，以优秀的数学文化感染学生；第二层次，数学内容的美学价值，以特有的数学美陶冶学生；第三层次，数学课题的历史背景，以丰富的数学发展史激励学生；第四层次，数学体系的辩证因素，以科学的数学观指导学生；第五层次，数学周围的数学现实，以昂扬的斗志鼓舞学生；第六层次，数学教学的课堂环境，以优良的课堂文化塑造学生。

框架非常好，但要实现它，需要数学教师的"育人"自觉。

只要每位数学教师都有数学德育渗透的意识，并在实践中加以运用和不断创新，数学德育就不会是"一个沉重的话题"。

教师的育人之道，是一个比"学科德育"更广阔的"道"。师者育人之道，道在何处？

一是要有全面发展的育人观。人的全面发展，就是指人的素质的多方面、多层次和多样化的发展。中国学生发展核心素养，就是以培养"全面发展的人"为核心。人的全面发展的基本内涵是指人的"完整发展"（指人的最基本素质的整体发展）、"和谐发展"（指人的最基本素质的协调发展）、"多方面发展"（指人的各素质要素在主客观条件允许的范围内的多样化发展）和"自由发展"（指人的自主的、具有独特性和富有个性的发展）。

二是要有共同发展的育人观。共同发展就是面向全体的教育，也即全体学生的共同发展，教师不能只关注成绩较好的学生，至少"一碗水要端平"，对学困生要有更多的关爱，对有特殊要求和情况的学生要给予特别的帮助，不让一个学生掉队。教师在教育教学的设计中，尽量让优秀生"吃得饱"，让中等生"吃得好"，让学困生"吃得了"。

三是要有差异发展的育人观。学生之间的差异来自遗传、环境和之前的所受到的教育，教师要因差异而施教。教师眼中不仅要有每个学生，还要有每个不同的学生。"让差异成为资源"，因为差异，所以教育丰富多彩；因为差异，课堂才会有赞赏、争辩、分享和互助；因为差异，学生价值取向多元、学习方式多元、兴趣爱好多元。

四是要有持续发展的育人观。持续发展，指学生的成长、进步与发展是一个前后衔接、彼此连续的终身的过程，而不是一时的或阶段性的发展。教师"授人以渔"，就是给学生持续学习力；让学生深知走向世界需要什么能力，也是持续发展力；教师既讲要考试的内容，也适当拓展讲一些不一定要考的内容，"大气"课堂助力学生远行。

五是要有人的成全的育人观。人的成全，就是要让教育真正成全人的生命。教师可以从关注每一个学生开始，从尊重每一个学生开始，从满足每一个学生的合理需求开始，从善待每一个学生开始，从开启每一个学生的智慧开始，从相信每一个生命的意义开始，从成全每一个生命的发展开始……

六是要有静待花开的育人观。教育是慢的艺术，该慢时要慢，等待学生成长。"慢育"情怀，就是静待花开。"慢育"，不是懈怠而是一种心境，不是无奈而是一种等待，不是放弃而是一种耐心，不是低效而是一种规律，不是愚昧而是一种智慧。教师心有"慢"情怀，学生更有好未来。

七是要有追求幸福的育人观。苏霍姆林斯基这样说："……培养出来的人都能幸福地度过一生，这就是教育应该追求的恒久性、终极性价值。"我们知道，仅仅依靠"分数"不能铺就学生走向幸福人生的康庄大道。让学生向着幸福奔跑，就需要广大教师的教育观念实现从"育分——育能——育人"的蜕变与升华。

第三，从"育分"回归"育人"。

"从'育分'走向'育人'"，还是"从'育分'回归'育人'"？我最后选择了"回归"。我之所以选择用"回归"，本意是：教育的本真本源是"育人"，但在教育或多或少被异化的今天，似乎"育分"成了多数教育人的追求，这是众所周知的重大"误区"，可是多数教育人还是走不出这个"误区"。

新高考背景下，高中应该在育人方式上作出哪些调整与改变？我参加过几个规模较大的教育论坛，一致的观点是：我们要从育分向育人转变。专家认为，普通高中育人方式的改革，是时代发展的必然要求，国家的顶层设计已经出台，改革方向已指明，道路已开辟，就看我们如何执行与完善了。

新高考，在回归。

清华附中王殿军校长指出，教育所面临的问题，虽然不能用学生综合素质评价全部解决，但是以综合素质评价来引领教育改革，实现基础教育从"育分"到"育人"的变化，意义巨大，需要基础教育工作者高度重视。我们要坚持对学生综合素质评价的研究实践，不断扩大理念渗透，在基础教育阶段形成一种全面育人的良好氛围。

新评价，在回归。

教育一定要激发学生的学习兴趣，不能一味地盯着分数。要保护孩子的求知欲，把求知的快乐带给孩子。教育的最终目的不是传授知识，而是牵引孩子的灵魂！要更多地赏识孩子的道德品质。不要见面三句不离分数，多问问能力是否见长，习惯是否变好，合作意识是否增强，团队精神怎么样……如果这些能够成为我们经常性与孩子达成共识的话题，教育真谛的彰显也会指日可待。

新家教，在回归。

如果孩子的学习，一味死记硬背知识，不独立思考，不善于活学活用，思维缺乏批判性和创造性，那么学习知识不仅无助于促进能力的发展和发挥，甚至还会阻碍乃至抑制能力的发展和发挥。从这个角度看，我们说"能力比分数更重要"。在多数学校"知识训练有余，能力培养不足"的情况下，家长培养孩子的能力是不是比"分数"更重要？

……

我们期盼有更多的从"育分"到"育人"的回归。

29. 无疑与生疑

无疑，就是没有疑问。就教师教学而言，就是把知识讲清楚，把方法讲透彻，把问题解决了，这是教学的基本要求，让学生"深信不疑"的"去问题教学"普遍存在于我们司空见惯的课堂中。

"把知识讲清楚，把方法讲透彻，把问题解决了"，对教师来说，也不是一件轻而易举的事，但更高层次的课堂教学，要从"去问题教学"走向"生问题教学"。

《"去问题化"教学：一个不能忽视的问题》文章作者牟玉均老师讲了一则报道："一个美国科学教育代表团到某地访问，听了一堂由一名特级教师执教的物理课。整个教学过程，教学目的明确，教学内容清晰，教学方法灵活；教师问问题，学生回答问题，师生互动，气氛热烈；教师语言准确精练，教学时间安排精当。当老师说'这堂课就上到这里'之时，下课铃声正好响起。以我们固有习惯，这堂课可谓天衣无缝。可当台下掌声雷动之时，五位美国客人的脸上却没有表情。后来，他们所谈的观感出乎我们的意料。他们反问：'这堂课老师问问题，学生回答问题，既然老师的问题学生都能回答，这堂课还上它干什么？'

"应该说，这种以问题来驱动学习，从而突破重难点，达成学习目标的形式，是当前课堂教学的'香饽饽'。倘若学生能正确回答，那么意味着学生已经理解了教师的问题，教师当然就放心了。所以，教师往往会精心设计一系列问题，而严密控制甚至消解、规避学生自己遇到的问题，我将这种现象称为'去问题化'教学。

"造成'去问题化'教学的原因，主要在于：在有限的课堂时间内，为了课堂教学过程的流畅与有序，往往严密控制、规避、搁置学生的问题，以防教学过程出现"节外生枝"或者断裂。这与缔结于内心的"在单位教学时间内获得最多的知识"观念相关。同时也往往担忧学生问题的多向、好坏与离散，可能挑战自己的经验与能力，从而绕过学生的问题，抛出自己精心设计的问题。久而久之，学生将不想问问题，也不会问问题，更问不出好问题，学生问题意识的形成，问题能力的培养，将成为一句空话。"

　　那么，如何基于学生的问题，开展教学呢？作者给出"三个于"：敢于暴露学生的问题，善于利用学生的问题，巧于引导学生的提问。

　　要讨论"生问题教学"，我们先研究一下"问题教学"或"问题式教学"，百度一下，就有如下文字：问题式教学法，就是以提出问题、分析问题、解决问题为线索，并把这一线索始终贯穿整个教学过程。即教师首先提出问题，学生带着问题自学教材，理解问题、讨论问题，最后教师根据讨论的情况，有针对性地讲解，准确地引导学生解决问题。

　　"问题教学"也就是"去问题教学"，是"教师首先提出问题"之后"引导学生解决问题"，问题"从有到无"。而"生问题教学"是随着教学的进展而产生的问题，这个问题，可以是教师提出，可以是学生提出，也可以是师生共同提出，这一过程很可能问题是"从无到有""从少到多"，甚至是"让学生带着问题走出课堂"。"让学生在课堂上有'问题'"，是"生问题教学"的最大特色和价值所在。

　　绝大多数教师为了圆满地完成教学任务，都会力争把课讲得完整、细致、清晰，也就是讲得很完美、很"干净"，讲得"没有疑问"。一位英国外教在接受媒体采访时说，中国学生最大的问题是"没有问题"。

　　中国教师要清醒地认识到，学生没有提出问题，不等于就没有问题！

　　中国学生为什么"没有问题"？原因之一是中国的老师们"不会生

疑"。

我国宋代教育家张载说："学则须疑，学贵善疑。""疑"，不仅是学习的需要，也是思维的开端，更是创造的基础。

师者教学如何从"无疑"走向"生疑"？

其一，教师自己头脑中要"有问题"。

中国教育新闻网上有这样一篇文章《"没问题"的老师怎能教出"有问题"的学生》，是啊，要解决学生"没有问题"之弊端，首先要让我们的老师"有问题"。做"有问题"的教师，是时代的呼唤。这就要求教师要"学高一筹"，广读文化书，精读教育书，深读专业书；还要"思高一筹"，善于独立思考，敢于另类思考，积极创新思考；更要"研高一筹"，研究才能创设"趣问题"，研究才能发现"真问题"，研究才能探索"深问题"。

其二，教师要教会学生提出有价值的问题。

哈佛大学流传着这样一句话："教育不是单纯传授基本知识，一定要教会学生提出问题，考虑问题，不断地提出有价值的问题。"有价值的问题，就是问出个性，问出水平，问出新意，问出挑战。教师面对学生五花八门的提问，有人提出了七种应对法：歧义明显的提问——反戈一击，以疑制疑；直陈异议的提问——"兴风作浪"，顺水推舟；柳暗花明的提问——不置可否，静候其变；粗陈模糊的提问——适时点化，搭桥解围；偏题离题的提问——恰当疏导，自然转向；情态不当的提问——化浊为清，拨乱反正；难以言明的提问——实事求是，量力而为。

其三，"俯下身子"做教师，鼓励学生大胆质疑。

新的教育理念提出，教师应该与学生共同学习，"师生学习共同体"要求教师走下"神坛"，不做万能的"上帝"，以一个普通人的心态（当然不忘自己是"平等中的首席"），"俯下身子"和学生一起探究。教师应当充分认识到，质疑过程是一个积极思维的过程，更是知识生成的过程，质疑的过程孕育着创新的萌芽，是学习新知识的开始，也是学习能力养成的起点。因此，教师要积极传播"学贵有疑"主张，点燃学生质疑的火花，唤起学生质疑的欲望，鼓励学生学会生疑、大胆质疑。

其四，教师可以上一些"不圆满"的课。

教师备课追求圆满，是需要的。但教师在具体上课时，不一定"太圆满地教学"，太圆满的教学，可能会用教师的思维取代学生的思维，学生少了自己的思考。教学中留一些"缺口"、留一点"缺陷"，学生想"圆其说"，就很有可能激发学生去"圆满"，给了学生用心之机，给了学生用武之地。教师要少给学生句号，多给学生一些逗号，"留有悬念"让学生怀抱好奇，探索不止。

其五，融错教学可引发学生"不信任"教师。

融错教学，就是教师在讲课时"有意差错"，即在讲课过程中，根据学生容易忽视或弄错之处，有意将所授内容（尤其是解题）"不露声色"地讲错，最后引出矛盾或说明解答是错误的，然后师生共同纠正错误。这样充分暴露了错误过程，让学生在"情理之中"惊呼上当，使学生加深对错误的认识，在知识上来一次再认识，在能力上得到一次再提高，从而达到预防错误、提高学习能力的目的。教师融错，就会营造一种"我爱我师，我更爱真理"氛围，学生可以怀疑老师的讲解，可以指出老师的错误。融错于无痕之中，是一门艺术。

其六，于"平常"处设疑。

明代大学者朱熹云："读书无疑者须教有疑，有疑者却要无疑，到这里方是长进。"教师应当自己善于，并能引导学生于无疑处生疑。在课堂教学中教师要积极引导学生在无疑处生疑、质疑，最大限度地发挥学生学习的主动性和积极性。要做到这一点，教师就要掌握一些生疑方法，对知识巧设疑，可以在难点处设疑明理；在关键点和重点处设疑，给出一些有台阶的问题，步步激发学生求知欲；在例题的变式过程中，"生"出新的具有挑战性的问题等。

其七，教师要营创"疑无止境"的课堂文化。

古希腊生物学家普罗塔戈说过："头脑不是一个要被填满的容器，而是一把需被点燃的火把。"因此，教师不应是"灌输者"，而应是"点火者"。教师作为"点火者"，实质上就是营创这样一种课堂文化，引导学生从生疑、质疑、解疑到再生疑、再质疑、再解疑，如此循环，"疑无止境"。"星火燎原"处，辨析明理时。

其八，教师要改变"去问题教学"为"生问题教学"。

现有"问题"的呈现，我们要努力去解决，以往的教学是"去问题教学"，即把"问题"一一解决。不是说不要解决问题，而是要在解决旧问题时"生"出新的问题，这"问题"可以是老师提出的，我们更希望学生能多提"问题"，让师生常怀"问题"之心，成为"问题"的拥有者，让"问题"贯穿课堂始终，成为推动课堂教学的动力，从而使教学活动更具挑战、更有新意。

其九，引导学生由质疑到探究。

学生的质疑，应成为探究学习的开始。爱因斯坦认为"提出一个问题往往比解决一个问题更重要"，主要是强调提出问题"需要创造性的想象力"。学生有了问题不是问题，关键是教师怎样对待问题。教师在赏识和鼓励学生质疑的同时，还要引导学生设法解决问题，只有把问题的解决作为学生成长的阶梯，才能营创出充满活力的课堂。值得一提的是，不是所有的"生疑""质疑"都一定要当堂解决的。事实上，许多疑问是很难在一节课中解决的，在设法解决疑问的过程中，往往又会产生新的疑问。让学生带着问题走出课堂，走向未来，也许是学生最好的成长。

无疑而生疑，生疑而思疑，思疑而破疑，破疑再生疑。在生疑中增智，在生疑中育人。

30. 题海与题根

百度一下"题海战术":题海战术,有广义与狭义的区分。在狭义上,这一词表示的意思是为达成某一任务(多指考试或检测),大量地,不受时间、地点限制地做相关习题,并不考虑其质量与效率。在广义上,这一词也可引申为依靠数量取得胜利,而非质量。

不论是狭义的界定,还是广义的界定,我们都不难理解"题海战术"用于教学的情形。事实上,中小学教师对这个词会有更深刻的感受。

时至今日,中小学生课业负担过重的问题并没有得到彻底解决,仍是困扰基础教育发展的一个顽疾。因素很多,从教育的角度来说,课堂教学效率低,课业负担必然加重。由于应试教育的流弊,课程改革倡导的以学生为主体、转变学生的学习方式等新理念难以推进。一些教师在教学观念、教学方法、教学手段等方面还比较单一、落后,无法适应新课改的要求,还是靠"题海战术"来提高教学质量,造成教师苦、学生累、负担重、效率低的现象。

我见过一些朋友的小孩,他们读小学时,显得活泼机灵。他们读初中,我见到他们时,感觉他们心情沉重、少言寡语。他们读高中,我见到他们时,感觉他们目光无神、身心疲惫。我们的应试,我们的题海,把许多略显机灵的孩子变成了这样。我问高中生:"你们刷了那么多的题,比如刷了10000道数学题,有信心做第10001道吗?"绝大多数学生不敢说"有"。

不是说"题海"一点作用都没有,而是说让学生牺牲身心健康去赢得没有更多的触类旁通的解题术，学生做了"无限题"却没有信心去做"下一题"，这是我们要追求的教育吗？

学校是减负的主体，学校在减负的同时要注意增效，才能达到真正意义上的减负。一要培育优质高效课堂，二要优化作业和练习，三要通过课改整体地综合地改进。

要"优化作业和练习"，就不能再依靠"题海战术"。有没有一种好一点的方法，能让学生做"有限题"而相对有信心去做"下一题"呢？

"题海无边，何处是岸？"从某种角度说，我以为"题海无边，题根是岸"。

说到"题根"，我觉得很有必要把万尔遐老师的部分研究成果和大家一起分享，毕竟万老师在这方面研究了多年，很有借鉴意义。

题根是什么？

题根是个问题：题根不是概念，不是结论，不是一般性的话题、标题、主题。从句法上讲，话题、标题、主题都是陈述句，而题根是个疑问句，它是个问题。

题根是个题目：问题规范化后就是一个题目，就像讲课时的例题，课本上的习题，考卷上的考题，会场上的讨论题或研究题。

题根是题目的根基：题根不是一个孤立的题目，也不是一堆题中的一个单一的个体。它是一个题族的根祖，一个题系中的根基，一个题群中的代表。抓到了一个题根，就等于抓到了这个题族，这个题群，这个题系。

题根有生长性：题根不同于题源。题源那里似乎有现成的题目，只是在源源不断地流出来。而题根不然，在那里，现在不一定有现成的题目，众多的新题目要从题根上长出来。因此题根不是题库而是题圃。

题根有渗透性：题根不刻意对学科内容在形式上进行覆盖，但着重考虑题根与题根之间自然的、深刻的、纵横的渗透。因为覆盖的只是一个"平面"，而渗透将得到一个"三维立体"。因此，在题根之前不要罗列考点，以便让题根"自主地"去进行"地下串联"。

题根有实用性：题根在课堂教学中应是课堂"主例"，而成为课堂的"课根"。课堂的其他例题要视作是"主例"的迁移、补充和拓展。题根在考场上应成为"考根"，它应与考卷上的板块考题相约、相吻、相关、相近，而不一定要相同。

题根的可接受性：内容在教纲和考纲范围内，难度在中等水平上（0.65）。题根不是高难题（题顶），也不是简答题（题枝或题叶）。题根是学生很想得到、而又不能伸手而得、却是要跳起来摘到的果实。因此，题根在"行文"上要特别讲究科学性与趣味性的结合，使学生在学习中尝到"苦中之乐"。

想必读者已经初步感受到"题根"之大意了。我这里再举一个数学的例子，让大家再具体体验一下，其他学科可类比思考。

原问题——三堆棋子游戏：给出三堆棋子放在桌上，其中有一堆只有1枚，第二堆有2枚，第三堆有3枚。

由A、B两人轮流拿这些棋子。每人每次可以拿走一堆棋子或一堆棋子中的几枚，但不能不拿，也不许跨堆拿。约定谁拿到最后一个棋子就算谁胜。请问，后手是否有必胜的对策？

这是一道可以让小学生动手玩的数学游戏。

这一游戏后手（B）有必胜的策略。为方便起见，我们记桌上三堆棋子的形势为（1，2，3）。

A先拿只有以下几种可能，B总能拿到最后一枚，从而获胜：

A拿成（0，2，3），B拿成（0，2，2）胜；

A拿成（1，1，3），B拿成（1，1，0）胜；

A拿成（1，0，3），B拿成（1，0，1）胜；

A拿成（1，2，2），B拿成（0，2，2）胜；

A拿成（1，2，1），B拿成（1，0，1）胜；

A 拿成 (1, 2, 0)，B 拿成 (1, 1, 0) 胜。

问题 1：给出三堆棋子放在桌上，其中有一堆只有 1 枚，第二堆有 $2n$ 枚，第三堆有 $2n+1$ 枚。

由 A、B 两人轮流拿这些棋子。每人每次可以拿走一堆棋子或一堆棋子中的几枚，但不能不拿，也不许跨堆拿。约定谁拿到最后一枚棋子就算谁胜。请问，后手是否有必胜的对策？

这一游戏后手 (B) 有必胜的策略。

为方便起见，我们记桌上三堆棋子的形势为 $(1, 2n, 2n+1)$。

首先，当 A 拿完之后，B 一定有办法把它拿成 (p, p) 或 $(1, 2n', 2n'+1)$ 的形式。也就是说，B 一定有办法要么拿成两堆相等的形势 (p, p)，要么拿成与原先类同的形势 $(1, 2n', 2n'+1)$。当然，后者的 n' 要比 n 小。

事实上，若 A 拿掉单枚的一堆，则 B 可拿调 $(2n+1)$ 枚那一堆中的一枚，从而拿成 (p, p) 的形式；若 A 拿掉 $(2n+1)$ 枚那一堆中的一枚，则 B 可拿掉单枚的那一堆，也变成 (p, p) 的形式；而若 A 从 $2n$ 或 $(2n+1)$ 中拿掉若干枚，那么 B 一定可以接着拿成其中奇数比偶数多一枚的形式，即拿成 $(1, 2n', 2n'+1)$ 的形式。

对于 (p, p) 的形势，B 可以跟着 A 对称地拿，从而确保拿到最后一枚。

对于 $(1, 2n, 2n+1)$ 的形势，B 可以拿成枚数更少的类似形式，直至拿成 $(1, 2, 3)$。

问题 2：这一游戏如果约定拿到最后一枚棋子的人输，后拿的照样必胜，其策略无须作太大的更改。

事实上，对于 (p, p) 形势，B 同样可以跟着 A 对称地拿，只是到最后需要稍作改动，即当：

A 拿成 $(0, p)$，B 拿成 $(0, 1)$；

A 拿成 $(1, p)$，B 拿成 $(1, 0)$。

对于 $(1, 2n, 2n+1)$ 的形势，B 同样可以拿成枚数更少的类似形式，直至拿成 $(1, 2, 3)$。接下去也只需稍作改动，即当：

A 拿成 $(0, 2, 3)$，B 拿成 $(0, 2, 2)$ 胜；

A 拿成 $(1, 1, 3)$，B 拿成 $(1, 1, 1)$ 胜；

A 拿成 $(1, 0, 3)$，B 拿成 $(1, 0, 0)$ 胜；

A 拿成 $(1, 2, 2)$，B 拿成 $(0, 2, 2)$ 胜；

A 拿成 $(1, 2, 1)$，B 拿成 $(1, 1, 1)$ 胜；

A 拿成 $(1, 2, 0)$，B 拿成 $(1, 0, 0)$ 胜。

总之，无论哪种形式，B 一定有办法把最后一枚留给 A，以确保自己的胜利。

问题3：给出如下象棋残局，如果你先走，要怎样才能取胜呢？

这个象棋残局挺有意思，从象棋走法看，就是前进或后退。我跟学生说："我和象棋大师下这个残局，我一般会赢，除非象棋大师也具有一定的数学素养。"

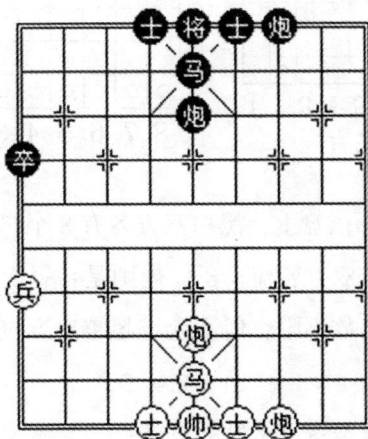

我和学生在棋盘上走了几步，学生突然悟到——原来这是"三堆棋子"问题。

这局棋先走的人第一步走"炮七进三",可操胜券。

事实上,当先走的人走了"炮七进三"之后,场面上形成双方可动间隔为(1,4,5)的局势。这就化归为:$n=2$ 时"三堆棋子"游戏,从而先走的人必胜。

许多深刻的数学问题,都能在生活中找到鲜活的情景,"一局阃宫棋"就是一个生动的案例。让学生感受数学应用的广泛性,培养学生的化归能力,也是可以从一局象棋的残局开始的。

问题4:棋盘上的数学游戏或数学问题是很多的,奥数中也有不少"棋盘问题",我手头就有一本《棋盘上的数学问题》的书。数学教师可以自制棋盘,也可以利用中国象棋、国际象棋、围棋的棋盘,进行棋盘类的游戏。比如给出8×8棋盘,在棋盘上按图摆放上黑、白棋子各8枚。

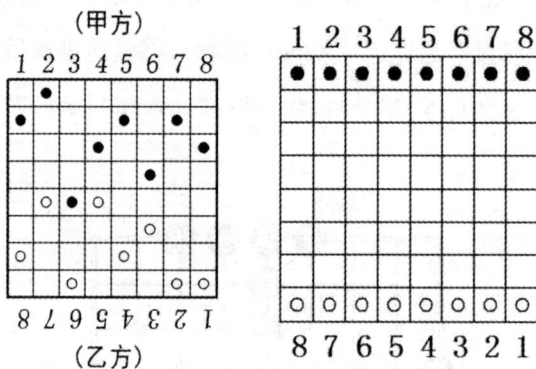

在8×8格的正方形棋盘上,黑白双方各有8个棋子,每列一个。甲先手执黑,乙后手执白,双方轮流运子。规则是:每次动一子,各子只能在本列中前进或后退,格数不限,但不允许超越对方棋子。谁能迫使对方无步可走,即为胜者。

请问,对弈的双方是否有必胜的策略?

198

（甲方）

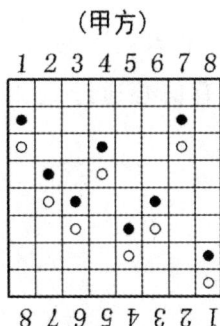

本游戏乙方有必胜的策略。

事实上，如果有一方能走到上图状态，两边"对顶"的形式，那么显然他实际上已经取得了胜利。因为接下去只是"一退一进"，直至被对方"顶死"的问题。

这样，问题化归为"三堆棋子"问题：

（甲方）

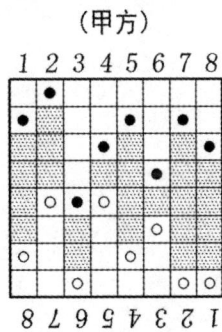

对弈状态为（4，3，2，1，4，1，5，4），不难看出，上述状态可以看成下面"获胜状态"的组合：（1，2，3）、（4，4）、（1，4，5）。从而，状态（4，3，2，1，4，1，5，4）也为"获胜状态"。

所以，这一游戏，后手的乙方有必胜的策略。

如果学生想到这就是"一局闷宫棋"的变式，那就说明学生已经"触类旁通"了。

我还能变出许许多多"生根开花"的结果，渐渐地，学生"做一题，会一类，悟百题"，他们就有信心通过做"有限题"后去做好"下一题"了。

31. 有效与长效

有效教学是针对低效教学和无效教学而言的。

说到有效教学，我们会想到一本畅销书——余文森教授的《有效教学十讲》。

这本书深受广大教师的喜爱，不少教师写了赞扬性的读后感。余教授"欣喜之余，深感责任重大"，基于"超越有效教学"之视角，又写了本《从有效教学走向卓越教学》的书。

余教授说："如果说有效教学（教学的有效性）是对教学的基本要求，那么卓越教学（教学的卓越性）则是对教学的理想要求。"

一名优秀教师，应从有效教学走向卓越教学。走向卓越教学，似可从有效走向高效，从高效走向长效，再一步步走向卓越。

无效或低效教学。在教学过程中，教师的教与学生的学脱钩，从而导致效率极低甚至是零的教学，叫低效或无效教学。有人认为，无效和低效的教学行为表现在：三维目标的割裂；教学内容的泛化；教学活动的外化；教学层次的低下；预设和生成的冲突对立。有人认为，低效教学，其一是低效果——对教学活动结果与预期教学目标的吻合程度不高，学生未能获得真实的发展，如获得知识、形成能力、养成习惯、体悟过程等方面进步不大；其二是低效率——在单位教学时间内未能最大化达到预期教学（学习）目标；其三是低效益——教学活动的收益、教学活动价值的实现。具体说，课堂教学投入多，产出少，学生学习负担重。

有效教学。按余文森教授的说法，有效教学是一种"多快好省"的教学。"多"是指在单位时间里学生的进步快、收获多;"快"是指单位教学时间短,更主要指除了教学之外,学生还有娱乐与休息的时间,而不是将所有的时间全部投入到教学或学习活动之中;"好"是指教学的质量好,不是个别学生的成绩好,而是整个教学对象的成绩好;"省"就是花的时间、精力与所取得的成就相符合,理想的结果是事半功倍。有效包含有效果、有效用和有效率,三者并重,缺一不可。追求教学的效果、效用、效率是对的,但都不能"过分强调",否则就会产生弊端。过分强调效果会导致"知识过剩",过分强调效用就会走向实用主义的泥潭,过分强调效率就会丧失品质。

程红兵校长在《基础教育课程改革的不同样貌》一文中,对课改的价值取向中的平稳至上、效率至上和发展至上做了评述,"他们的课改标准定得很实,内涵单一,就是想方设法提高教育质量,而他们所谓的教育质量基本上就是中考升学率、高考升学率……但是这种课改充其量就是教学技术层面上的课改,其本质是功利至上的……基本忽略了学生未来能否可持续发展。"只关注学生眼前利益和学校当下的成绩的效率至上取向,现实中还是多见的。唐江澎校长指出:"学生没有分数,过不了今天的高考;但孩子只有分数,恐怕也赢不了未来的大考。""教育只关注升学率,国家就没有核心竞争力;分数不是教育的全部内容,更不是教育的根本目标。"

我们追求的有效教学,应该是建立在基于"长效"基础上的"有效"。

高效课堂。"有效教学"仅仅是课堂教学的一个底线要求,课堂教学还应该追求高效。高效课堂是指高效率高质量地引导学生进步和发展的课堂。有人用"七度"来衡量高效课堂:效度——就课堂上对准教学目标、实现教学目标的程度而言;广度——就课堂上学生获得发展的面和参与的面而言;深度——就课堂上引导学生思维发展的程度而言;密度——就课堂上教学的内容和节奏而言;自觉度——就课堂上学生自主参与学习的程度而言;适切度——就课堂上教师所采用的教学模式的适当程度而言;消耗度——就课堂上师生消耗的时间、精力等而言。有人用"五实"来衡量高效课堂：有意义的课，即扎实的课；有效率的课，即充实的课；有生成性的课，即丰实的课；常态下的课，即平实的课；有待完善的课，即真实的课。

高效教学。高效教学是在高效课堂基础上高一层面的探究，"轻负担，高质量，向课堂教学要效益"就是高效教学理念的折射和反映。陶继新老师在《高效教学的道与术》一书中认为，高效的课堂教学不仅在于知识传授的本领，更在于其中所潜隐着的对学习者精神的激励、唤醒和鼓舞；真正意义上的高效教学，不应当只是用某种方法技巧，让学生考出较好的成绩，还要考虑当下的教学是否为学生终生成长积淀一定的"功夫"；道之所指，还不只是积淀，不只需要功夫，还要有人格支撑；如何让学生在更多场合更多时间里拥有愉悦的心境，则是实现高效的必由之道。

长效教学。有效教学、高效教学可能更关注"当下"，教学可能更易见成效。而长效教学不仅关注学生学习的"当下"情况，更关注学生学习的"长远"。教师教学生"学"，让学生掌握学习方法，是"长效"之举；培养学生的"学习力"，学习力是学习动力、学习能力和学习毅力的综合，是"长效"之举；教师"为思维而教"，让学生"为思维而学"，是"长效"之举；更高层次上的课堂重建，要有智慧的含量、文化的含量和生命的含量，是"长效"之举；发掘课堂教学的育人价值、智力（观察、记忆、想象、思维）价值、方法价值、探索价值、激趣价值、审美价值和文化价值，是"长效"之举；培养学生适应未来的能力，也是"长效"之举；"魅力教学"带给学生的凝聚力、迸发力、向心力，以及由此而产生的不断超越自我的创新力和发展力，更是"长效"之举。

程红兵校长认为："发展至上取向，着眼于学生的发展、教师的发展、学校的发展。此种教改立意高，课程改革所定的标准也高，课改的内涵丰富而多维，课程目标校本化，课程内容校本化，课程实施校本化，课程评价校本化，试图实现具有学校特色的课程文化变革，真正促进学生的个性化发展。但这样的课程改革无疑是很难实现的：既要升学率提升，又要学生素质全面发展；既要教师会抓应试技巧，擅长提高学生分数，又要教师学术修养高，研究能力强；既要强调效率，又要重视终身发展。"他认为难度很大，极富挑战性，我也是这么认为的，但我还是期盼我们有更多学校和教师，去迎接这个挑战，去实现真正意义上的"发展至上"的教育。

卓越教学。余文森教授在《从有效教学走向卓越教学》中阐述了未来的教学走向——卓越教学。前言部分有这样一段话："追求卓越是我们这个时代的特征和要求，卓越的意思是非常优秀、超出一般、与众不同。实际上，卓越代表的是一种精神、一种品质、一种气质、一种个性、一种态度、一种境界、一种文化，卓越的本质是'超越'：永不满足、不断追求、永无止境。从有效教学走向卓越教学，不仅要让教学变得效果更好、效用更高，而且要让教学变得更有人性、更有意义、更有境界、更有内涵、更有品质、更有精神。"

理想课堂，这就是走向卓越教学的课堂。

走向卓越教学，师者永恒的追求。

32. 全体与个体

面向全体与关注个体是辩证统一的，面向全体更多地涉及学生大众的、共性的、一致的等方面问题，关注个体更多地涉及学生小众的、个性的、差异的等方面问题，正确处理好二者之间的关系，是实现培养"每一个学生、每一个不同的学生"的需要。

第一，大众与小众。

教育原本是面向个体的，但自从创建了班级授课制，这种完全面向个体的教育才被打破。在班级授课制下的教育，为了每一个学生都能得到发展与成长，我们的教育就要面向全体学生，同时又要关注每一个学生，这对教师来说，是具有挑战性的。当下多数的情况是，教师在千篇一律、划一模式下进行教育教学，教育教学更多的是"知识的灌输""套路的演练"，在教育相对关注全体的同时，我们提醒教师不忘教育的本源——教育原本是面向个体的，教育应当在面向大众（全体）的基础上，走向面向小众和面向个体。

什么是面向个体的教育？

马国新校长有一段精彩的论述：

面向个体的教育，是教师走进森林中去抚摸一棵棵稚嫩的小树。在抚摸中，伴随着师生心灵的悸动，目睹学生成长的瞬间，感动于成长的不屈。

面向个体的教育，是实现我们向每一个初遇的孩子许下的一个又一个诺言，是每一个清晨在教室门口的等待，是课堂上教师的问候，是在放学《回家》的音乐声中与孩子的挥手告别。

课堂上，当教师发现一个孩子举起了右手，便叫出孩子的名字；运动场上，那奔跑如飞的身影吸引了教师的目光，便叫响了他的名字并为其加油；放学路上，那身穿校服的少年吸引了你的目光，教师便想起了他是谁家的孩子。唯有如此，我们的教育才是面向个体的教育。

面向个体的教育就是这样，孩子在前，知识在后，而我们的目光，在孩子身上从未离开。

我们还可以头脑风暴一番，说出更多的面向个体的教育的情景。

我的"品玩数学"教学主张中的"从好玩到玩好"，强调"好玩"是要让所有学生都能感受到的，而"玩好"就不能要求所有学生都达到，这里有一个"度"的把握。"好玩"是一种境界，"玩好"是略高一层的境界，而在"好玩"与"玩好"之间把握好"度"就是一种理想的状态。这个"度"，就是处理好全体与个体的关系。

教育教学中的"分层优化"，也是处理好全体与个体关系的有效方法。一个班的学生，由于学习基础和认识水平的差异，发展总是不平衡的。对于不同程度的学生，可通过多种渠道，如指导预习和复习、适当提问、分层次完成作业，同学帮助、教师辅导等，让他们在原有的水平上得到提高。只有真正树立为学生服务的观点，给予不同层次学生以良好的期望，就能提高各类学生的学生素质。

我当年的"每日一题"，就是每天出一道数学征解题，供学有余力的学生选做。征解题可以是课本问题的拔高，可以是身边的精彩数学问题，可以是切合时宜的数学趣题。多数学生对每日一题也很感兴趣，哪天没给出征解题，学生就"若有所失"。现在看来，这"每日一题"，也算是面向个体的教育。

学科竞赛的辅导，就有大课教学、小组活动和个别指导，这也是相对于学科竞赛团队的大众、小众和个体的教育。大课教学，面向全体系统有序推进；小组活动是专题的、特殊的、深入的学习；为了让少数尖子学生"吃得饱，吃得好"，还应当安排老师专门对这些学生进行个别学习指导，或推荐自学书籍，或增加练习，进一步提高他们的竞赛水平。

第二，共性与个性。

"共性"的教育是必要的，抓住了"共性"，就抓住了教育工作的主要问题和主要矛盾，就能把握住教育教学的大方向。"共性"教育追求"齐步走"，"个性"教育追求"散步走"。我以为，理想的教育应当是时而"齐步走"，时而"散步走"，追求共性与个性的统一。"齐步走"解决共性问题，"散步走"解决个性问题。

学生的个性，有优点也有缺点。"尺有所短，寸有所长"，我们的教育，就要"扬长避短"或"扬长补短"。学生的个性就像"世上没有完全相同的两片树叶"一样，这既给教育教学提出挑战，也为教育教学创新提供了广阔的探索空间。让学生"各造其极"，我们任重道远。

个性是一个人基本的精神面貌，是一个人各种心理素质的综合，包括兴趣、习惯、气质、性格、智能等方面。如果教育教学一律要求学生"齐步走"，既不符合时代的要求，也不符合学生的实际；既不现实，也是行不通的。承认学生个性心理特征的存在，并由此尊重学生的个性，让教育教学融入"散步走"的观念，是时代的呼唤，也是教育教学最切实的需要。

"不怕有缺点，就怕没特点。"要发现学生的特点，并将学生的特点作为"潜能"来开发，教师就要有"学生是动态的人，学生是发展的人，学生是可塑造的人"的认识。

学生是动态的人。首先，学生随年龄的变化而动；其次，学生随社会而动；第三，学生随环境而动；第四，也是最主要的，就是学生随教师的教育影响而"动"。教师有了这种"动态观"，就会积极发掘学生的个性心理特征，面对学生的缺点，不会怒目相向，而是抓住学生的特点加以引导，合理教育，最终让学生"因特成才"。

学生是发展的人。学生的发展，包括学生身体的发展、心理的发展、智力的发展、阅历的发展、思想认识的发展和道德水平的发展。教师有了这种"发展观"，就会认识到学生是不断发展变化的，就会用发展的眼光来看待学生，就会大力发掘学生发展的潜力，就会给学生创造发展的条件，促进学生"尽情"地发展、全面且和谐地发展。

学生是可塑造的人。说学生是可塑的人，是指学生在教师的教育影响下，通过各种教育活动，有目的、有计划地培养成为合乎一定质量规格的人，即把学生塑造成为完整的、全面发展的、社会所需要的健全的人。塑造年轻一代是教育的使命，把年轻一代培养、塑造成全面发展的人，使他们健全、健康地成长是教师的责任。

苏霍姆林斯基说："每个孩子都是一个完全特殊、独一无二的世界。"换言之，每个学生都是一个丰富多彩、千差万别的个性世界。作为教师，要善于发现每个学生的不同个性，精心呵护每一个与众不同的生命，走进他们独特的个性世界，对他们加以引导和帮助，给以悦纳和确认，予以延伸和发展，让每一个学生都能灵性生长。我们的教育，不能事事单一、处处划一、时时统一，实行简单的一个法子、一个模样、一个答案，这样势必导致千教一法、千人一面、千篇一律。说到底，仅有"一致"和"共性"的"齐步走"的教育，必然导致教育的平庸。

第三，一致与差异。

"一致"的教育是面向全体的，也是相对容易的。一致的课程，一致的读本，一致的活动，划一模式下的统一化、标准化、同步化的教育教学有一定的作用，但人的发展是有差异的，一致是相对的，差异是绝对的，我们的教育教学，还要从一致走向差异，也就是要面对差异实施个体教育教学。

"尊重差异"是近年来倡导的教育理念，现代教育必将是建立在基于理解尊重学生差异基础上的教育，只有这样才能真正尊重学生主体性，弘扬学生的主体性。一致是相对的，差异是绝对的。学生之间的差异是客观存在的，这种差异来自遗传、环境和之前的所受到的教育。个体差异是一种教育资源，没有学生的差异，就没有教育的发生。

学生是发展中的人，学生的差异也不是一成不变的，学生在发展中会出现差异，我们的教育就要因"差异"而施教。"差异发展"也是时代倡导的教育理念，每个学生都有他们潜在的发展领域，我们的教育就是要努力为学生更好地发展创造更为广阔的空间。

我阅读了华国栋教授的《差异教学论》后，对"差异教学"有了更深刻的认识。"差异教学"并不是意味着将学生间的差异扯平，"削峰填谷"，使他们齐头并进，而是提供适合学生各自特点的发展方式，促进每个学生都得到充分发展。差异教育核心内涵是："立足于学生差异，采取适应性的教学措施，以促进每个学生在原有基础上充分发展。"

尊重学生的差异是承认差异。传统教育强调学生的一致性，相对忽视学生的差异性，表现为在划一的模式下育人，强调平均发展，把全面发展片面地理解为"全优"发展，不尊重学生的差异，把学习成绩欠佳的学生称之为"差生"，把某一学科学习有困难的学生称之为"瘸腿生"，使得这些学生一直笼罩在失败的阴影中，以致丧失了学习的信心和动力，甚至使其人格扭曲。

师者切记："没有差生，只有差异。"我们一旦承认并尊重了学生的差异，这种差异将不仅会成为教书育人的丰富资源，而且会成为促进学生个体潜能发展的资源。尊重学生要从发现和尊重学生的差异开始，教师眼中不仅要有每个学生，还要有每个不同的学生。"让差异成为资源"，因为差异，所以教育丰富多彩；因为差异，课堂才会有赞赏、争辩、分享和互助；因为差异，学生价值取向多元、学习方式多元、兴趣爱好多元。

讨论"全体与个体"这个话题时，建议读者去读一下李希贵校长的《面向个体的教育》一书，李镇西老师对此书有如下评述：李希贵则认为，我们不应该让一个个孩子消失在"一切学生"的概念中，我们应该追求"面向个体的教育"！李希贵所倡导并践行的"面向个体的教育"，正是要把"这一个""每一位""你""你""你""还有你"……重新置于教育目的和办学目标的首位。正是在这个意义上，针对当今中国教育忽视个体的现实而提出"面向个体的教育"，便显示出了它的改革新意。而且李希贵不光是这样说，也是这样做的——书中展示了李希贵无声无息但有声有色的实践。这是该书让我震撼的真正原因。

33. 敏感与钝感

"钝感"是相对于"敏感"而言的。教育需要敏感，教育有时也需要钝感。教育的敏感，在很大程度上是一种教育智慧；教育的钝感，也许可以说是一种教育境界。

按照日本著名作家渡边淳一的解释，"钝感力"可直译为"迟钝的力量"，它是"赢得美好生活的手段和智慧"。如此看来，敏感、钝感都是一种智慧，就看我们怎么去修炼、怎么去辩证运用。

有句成语叫"不甘示弱"，但就教育而言，教师要甘于"示弱"。示弱，表示自己软弱，不敢同对方较量。我们这里所说的"示弱"，不是懦弱，也不是真正的"软弱"，而是在学生面前表现出"自己不如学生"，学生是"强者"之意。

其实，教师的钝感和示弱都是一种"教育无痕"的境界。

第一，钝感和示弱包括的内容。

渡边淳一认为，"钝感力"意为对周遭事务不过于敏感的能力。教育教学中所说的"钝感"，包括适度"装傻"、适度"愚钝"、经常"慢一拍"、回答问题"反应慢"、学会忽视等，但"钝感"不等于"迟钝"，不等于"愚蠢"。假痴不癫，是一种难得糊涂的教育智慧。教育教学中所说的"示弱"，包括教师与学生比，学生说得对、学生说得全、学生说得快、学生说得好、学生说得很自然、学生说得很有趣，教师"自叹不如""甘拜下风"“向学生请教"等。

第二，在学生面前适度"钝感"。

"装傻"从某种角度说，是源自教师"难得糊涂"的清醒。特级教师张思明，说他的一位导师告诉他："最好的老师是把学生托起来，而学生还以为是自己站得高呢。"教师适度"装傻"，就是把学生"托起来"，学生可能更聪明，教师可以发现学生更多的"闪光点"。是啊，教师"慢一拍"，学生就可能"快一拍"，当学生觉得自己比老师强的时候，我们的教育教学就"步入新境"了。

第三，在学生面前适度"示弱"。

生活中常有这种现象，强大的母亲，却培养出弱小的孩子。什么都被家长包了，孩子还会什么？有道是：家长"弱"一点，孩子会更强。家长"示弱"，是积极地让孩子的"强"展现出来，是多给孩子先思考、后发言的时间，是给信心不足的孩子重拾信心的机会，是耐心地等待孩子的成长。家庭教育如此，学校教育亦然！高学历的、事业有成的教师，还有九型人格中的完美型、领袖型、成就型、自我型的教师，要有意识地在学生面前适当示弱，降低"期望值"，放大学生的"亮点"，否则可能扼杀学生的潜能，压抑学生的发展。

第四，该"敏感"时要"敏感"。

说到"敏感"和"钝感"，有人说"敏感"的人很聪明，"钝感"的人更智慧。其实，真正的"钝感"是"敏于心而钝于外"，是真正的大智若愚。教师在教育教学中的"敏感",应是对教育新理念的及时了解和运用,应是对学校新教改的敏锐关注和配合,应是对学生"微进步"的发现与赞赏,应是对学生"小问题"的察觉和解决,应是对学生心理"有偏差"的分析和调适,应是对学生"青春期"的关注和帮扶。不要一说"钝感",教师就把必须的"敏感"丢失了。

第五,当"示强"时可"示强"。

在面对学生时,教师有示强与示弱两种选择。示强,是在给学生树立威信和榜样;示弱,是在给学生培养自信和潜能。示强与示弱,各有各的教育功能,该示强时要示强。学生自傲时,教师可示强,"你看这道题还有更好的解答";学生不认真时,教师可示强,"我看一眼就发现你作业里的错误了";学生不负责任时,教师可示强,"这件事让我来做应该这样做"。示强与示弱,最好都能"顺其自然"进行,这样才能达成"春风化雨"之效。

适度钝感是一种无痕境界。在我看来,校长的钝感力是一种"管理无痕"的境界,班主任的钝感力是一种"育人无痕"的境界,学科教师的钝感力是一种"教学无痕"的境界。

首先,校长钝感力是"管理无痕"的境界。

学校的发展,并不都要急速扩张、"狂飙突进",弄不好"欲速则不达"。有时"慢一拍"也许是最佳的成功节奏。与时俱进,这"进"的速度与时机要把握好,该"进"则进,那是事业发展之必然。但有时是可以"以退为守""以静制动""韬光养晦"的,缓冲一下,"养精蓄锐"之后也许蕴含着更大的爆发力,这是事业发展之应然。

前些年各地纷纷进行"高初中分设""名校办民校"，厦门的校长们"愚钝"了，没有"及时跟进"，今天看来是"愚钝"对了。我们说，作为校长保持一定的敏感度是必要的，但更为重要的是对自己价值内在的认同。校长应该成为有思想的教育实践家，有思想的教育实践家，就会在管理中体现价值领导，更会以价值领导来谋划学校发展。

我在厦门一中担任校长期间，"让每个学生都会游泳"，这是我的"敏感"视域，从我的价值认同到全校教师的价值认同，我们走过了一段"曲折"之路。在推进"游泳"的过程中，由"敏感"到"钝感"，再从"钝感"到新的"敏感"，一个教育理想逐步实现了。

当教育理想遭遇教育残酷现实时，任何彷徨、困惑、叹息都是没用的，唯有以教育者的勇气、执着和智慧去积极面对，先谋后动，"敏于心而钝于外"地去精心实施，坚持思而后行、行而后思、思中有行、行中有思，在"且思且行"中，去逼近教育理想。

王铁军教授就校长钝感力修炼提出了九条"源自"策略：源自校长的自我认知与激励；源自校长的深度思考与慎独；源自校长"如理乱麻"的理性；源自校长"急流勇退"的胆识；源自校长"难得糊涂"的清醒；源自校长"大肚能忍"的大度；源自校长"后发制人"的韬略；源自校长"以柔克刚"的睿智；源自校长"厚积薄发"的积累。

说得真好！校长若都有这些"源自"，学校管理能不走进无痕之境吗？

其次，班主任钝感力是"育人无痕"境界。

我是在农村上小学的。

有一次上学，作为四年级一班班长的我，早早就出门了，要去开门和准备读毛主席语录事宜。路过一农家庄园时，看见一株桃树"红'桃'出墙"，树上的桃子青里透红实在诱人。我前观后看、左顾右盼，不见有人，便纵身一跃，把那桃子摘下来，往书包里一放。第一节下课后，班主任把我叫了去，说："你书包里有个桃子。"我一下傻眼了，头脑一片空白。心想，这下完了。我是老师眼中的好学生，父母眼中还算好的孩子，同学眼中的好班长，这下完了。正当我不知所措时，班主任说："你写份检讨放在我这边，此事就我一个人知道，你好好表现，好好学习，我永远不告诉任何人。"两行热泪从我眼中夺眶而出。如果没有班主任当年的宽容和善待，就可能没有今天的"任勇"了。

到底是谁发现了我偷摘桃子呢？至今仍是个谜。这不重要，重要的是班主任不仅没有放大我的缺点，而且是"就我一个人知道"，他的眼中有一个"成长中的人"。

对于学生犯的错误，许多班主任往往很敏感，为了"防患于未然"，班主任会及时处理学生的错误，或通知家长共同教育，或在班级里进行批评，或反映到年级主任、学校德育处甚至校长那，或在教师休息室里"传播事件"，一时间犯错的学生被学校领导、年级主任、班主任、学科教师、家长"严肃批评"，甚至要在班级或年级做检讨，学生在成长路上走向"低谷"，心理素质不太好的学生很有可能形成"破罐破摔"心态。所有的批评都很及时，都很善意，反正"该说的都说了，该讲的都讲了"，但学生的心理感受如何？我们的教育效果如何？恐怕没有多少人去思考这个问题。

我觉得，班主任还是要以"成全之道"理念，以钝感之行，深刻领悟"教育是慢的艺术"之真谛，去处理这类问题。能包容的包容之，能善待的善待之，能"冷处理"的"冷处理"之，能不张扬的尽量不张扬，能不向上反映的尽量不向上反映，给学生一个认识错误的过程，给学生一个改正错误的机会，"静待花开"，相信大多数学生的错误是"成长中的问题"或是"发展中的偏差"。班主任的适度钝感，也许就是"大爱无疆"，也许就是"育人无痕"。

再次，学科教师钝感力的"教学无痕"境界。

做智慧型教师，需要教师敏感地透视"问题"，揭示规律，能深入浅出、富于启发、生动活泼地传授知识，能激发学生兴趣、培养学生能力。

课堂的灵性，是要靠教师"灵气"的感染。这种感染可以是一题多解、一题多变、一题多用，可以是化难为易的巧妙解答。教师更高的教育智慧，也许是教师"大智若愚"的有意差错，也许是"设置陷阱"的善意为难。

在一次数学高级研修班上，史宁中教授在报告中说了这样一句话："老师，上课时不要表现得太聪明，才能让学生显得更聪明。"

说得太好了！这让参会的王增良老师感慨不已：在新课程积极创导学生主体参与、培养创新能力的课堂中，老师是否可以抛弃一些虚假的"聪明"，放下一点架子，在上课中表现得"愚钝"一些，参与到课堂学生的学习讨论之中呢？

也是这位王老师撰写了《"上课"教师不要表现得太"聪明"》一文，我很赞同文中的几个观点：教师的"聪明"，重在课前的预设；教师的"愚钝"，应成为学生学习兴趣和积极性的动力；教师的"愚钝"，应成为师生对话的学习交流平台；教师的"愚钝"，应成为学生探究和创新能力的源泉。

放暑假前，我对学生说，年级布置的暑假作业，大家"挑着做"，选挑战性的题做，做多少算多少，没关系。但每人必须出一份试卷在半个月后给我，你们来考老师，想办法把老师考倒。全班学生各个露出神秘的表情，他们从来都是"被考试"，哪有可能出题考老师？我具体布置一番后，有学生举手问："可以略超纲吗？"我佯装水平有限，笑着说："可以可以，可别超太多啊。"

这"别超太多啊"就是钝感。你不让学生"超太多"，学生偏要"超太多"。学生要"超"，他们能不积极主动地先学吗？

34. 赏识与惩戒

在积极倡导赏识教育、激励教育、成功教育的今天，教育教学中与"赏识"相关的教育理念不时出现，如激励教育应弘扬，发现学生的闪光点，多赞赏少责怪，"春风化雨""和颜悦色""润物细无声"，"没有惩罚的教育，才是人类教育的永恒追求"……

我也"赶时髦"，写了篇《数学教学中的"赞美"之策》一文，发表在《数学通报》上，开头的一段是这样写的：

> 不知从何时起，我养成了一个习惯，每天备课快结束前，还要"备一事"，就是"明天表扬谁？"可以表扬最近进步的学生，可以表扬作业工整的学生，可以表扬给出新颖解题方法的学生，可以表扬自觉预习课文的学生，可以表扬研究型学习做得扎实的学生。表扬学生，就是赞美学生。教师，不要吝啬你的赞美。你的赞美，也许是某个学生成才的起点。
>
> 家庭教育的理念中，就有"好孩子是夸出来的"这一条。"说你行，你就行，不行也行；说你不行，你就不行，行也不行！"恰恰反映了家庭教育中最重要的教育规律。父母言行要多一些正强化，少一些负强化。"行"这个字为什么这么灵？因为它满足了孩子无形生命的最大需求——赏识。对于孩子，其实无好无坏，全在心态，就看怎么去诱导。所以，赏识孩子要找出孩子可以发展的一面，鼓励孩子说："你行！"

家庭教育的理念，用在教学上，道理是一样的。

曾读一书，书名就叫《一切从赞美开始》。书中说"赞美"有四种定义：其一，赞美是通过语言使别人的某种态度、思想及行为表现得更为强烈而采取的定向的激励方式；其二，赞美是一种精神嘉奖；其三，赞美是一种润滑剂或万能胶；其四，赞美是相互的抬高、是一种双赢的策略。

赞美激励是鼓舞学生士气的有效手段，数学教师岂可不用！

教师赞美学生，可以赋予学生积极向上的精神力量。教师要学会用好话迎合学生，不要放过赞美的机会；要寻找学生的优点来赞美，不要"鸡蛋里面挑骨头"；要对提问题的学生多加赞扬，不要认为这些学生怎么"这么多事"。

赞美之策，一是赞美学生要持平等的态度，即要放下"架子"来赞美；二是赞美要公正，即要"一碗水端平"；三是赞美要及时、真诚，此时不"赞"，更待何时？四是赞美要公开、得体，管理学中有"公开表扬，私下批评"一说。

当然，赞美亦需有度，随意拔高不可取。

赞美的教育功能很有效，赏识、激励、表扬等的教育功能也都很有效，但人们发现即便如此，教育的功能却似乎并没有完全实现。教育界普遍认为，赏识教育是教育的一大进步，但只赏不罚的教育或只罚不赏的教育都是一种残缺不全的教育，赏与罚都是实现教育功能之必需。

第一，教育，不能只有赏识而没有惩戒。

前些年，对于中小学可以说是谈"惩"色变，往往有人会把惩戒和法律明文禁止的"体罚和变相体罚"连在一起。而事实上，惩戒作为一种教育手段，在全世界范围内从来都没有消失过，特别是一些欧美国家以及韩国、日本等国都有针对中小学生的惩戒法条。而前些年的中国教育，学校或教师似乎被剥夺了惩戒权。剥夺的效果似乎不是那么有效，教师因为惩戒而出现的事故仍时有发生，师生、生生或家校之间的纠纷、冲突或欺暴现象也日渐突出。

今年，教育部《中小学教育惩戒规则》实施，文件中指出："教育行政部门应当支持、指导、监督学校及其教师依法依规实施教育惩戒"，并强调"实施教育惩戒应当符合教育规律，注重育人效果；遵循法治原则，做到客观公正；选择适当措施，与学生过错程度相适应。"《规则》首次对教育惩戒的概念进行了定义，明确确有必要的可实施教育惩戒。学校、教师可采取哪些教育惩戒措施，哪些不当教育行为被明确禁止等，都做了明确的规定。

最近一段时间，关于"把'戒尺'还给老师，老师将如何把握好尺度、温度和限度？"为专题的各类论坛、各类刊物研讨不少，专家、学者和中小学一线教师聚焦专题开展思维碰撞、观点交流。目的是厘清惩戒教育的内涵、外延、价值、必要性、合法性、注意事项等问题，反思实施惩戒教育的现实"土壤"与认识误区，探索惩戒教育的方式、措施等，解答教师惩戒教育实施难题。

有专家认为，惩戒教育在正面激励教育背景下具有不容忽视的价值。它是一种"厉"而"温"的教育，在严格严厉中可以矫正不良行为，小惩大诫、替代强化、增强耐挫力，培养责任感，促进个体的社会化。

有学者指出，在普遍提倡赏识教育、激励教育的同时，惩戒作为一种教育的手段，具有其存在的合理内核，惩戒具有劝善效应、激励效应和警诫效应等积极的心理效应。

有学者言，赞美教育也好，惩戒教育也罢，关键在"教育"。在实际操作中，一些人存在误区，简单地认为赞美教育就是一味表扬、夸奖，惩

219

戒教育就是一味地惩罚甚至体罚。正确的做法应该是让学生知其然，更知其所以然。

中国青少年研究中心主任孙云晓说："没有惩罚的教育是一种不完整的教育，是一种脆弱的、不负责任的教育。在提倡表扬、奖励的同时，不应该忽略惩罚在教育中的积极作用，让孩子在成长过程中懂得为自己的过失负责，而且感到是一种责任，让自己成为一个能承担责任的人。"

"惩戒教育，是一种不可或缺的教育手段"，已经成为越来越多人的共识。

第二，赏识教育，是一门艺术。

赏识教育，是生命的教育，是爱的教育，是充满人情味、富有生命力的教育。如果该赏识时，教师不吝啬自己的赞美，及时赏识，就能赋予学生积极向上的精神力量；如果该赏识时，教师没有及时赏识，就势必错失教育的良机，也会遏制学生的创新思维，甚至会浇灭学生希望的火花。如何赏识？是一门艺术。

其一，找准机会大胆地赏识学生。教师要寻找学生的优点来赏识，不要"鸡蛋里面挑骨头"；要对老提问题的学生多加赞扬，不要认为这学生怎么"这么多事"。对学生的赞赏是十分重要的，其实，任何人在任何时候其行为都离不开认可、赞赏和激励。赏识是人们前进的推进器，是调动人的积极性和挖掘人的潜能的重要方式。

其二，赏识的基本原则和方式。原则大致有：源于内心的真诚表达；合乎情理且自然流畅；放下"架子"持平等态度；抓住时机，及时赏识，此时不"赞"，更待何时；赏识一般宜公开、得体，管理学中有"公开表扬，私下批评"一说；表扬为主，批评为辅，不能无原则地赞赏，一味赞赏，学生只能听表扬、不能听批评，有害无益；学生有了进步，教师更多的是赞赏学生的努力而不是天赋。

赞赏的方式方法是多样的：可以是一个信任的目光；可以是师生情不自禁的掌声；可以是一次鼓励式的交谈；可以是拍肩膀："××，好样的"；可以是微信发红榜、给表情、写赞语；可以是课堂上对某学生的解题来一句"这个解法太有新意了！"等等。

其三，赞赏要注意的几个细节。赏识需有度，随意拔高不可取，把握好"火候"，强弱宜适度；赏识要具体，切忌说一些学生听不懂的空话；外向型的学生，赞赏中可以提些新要求，防止其滋生骄傲和虚荣情绪；内向型的学生，赞赏中可多一些激励语言，以激发其自信心；对于有自我评价能力的学生，赏识要"简明而深刻"，"儿童化"或过誉之词，可能会引起学生的反感。

其四，尝试用表扬的方式表达你的批评。孙娟老师在《最好的批评是表扬》中，说了个例子："一天课间，两个孩子争抢橡皮闹得面红耳赤，一同找我评理。耐心听完他们的陈述，我笑了笑说：'看到你们的进步，我很高兴。'两人有点莫名其妙。我接着说：'第一，甲同学想要及时订正作业，这是好事。第二，乙同学爱惜自己的学习用品，这是负责任的表现。第三，你们没有继续争执下去，来找老师评理，说明你们心中有老师，这是了不起的进步。'两个孩子摸摸脑袋，都不好意思地笑了，互相道了歉，立刻和好了。"怎么批评才能帮助孩子改进又不挫伤孩子的自尊心？孙老师说，我们不妨试试用表扬的方式表达你的批评。

第三，惩戒教育，也是一门艺术。

发现学生的"闪光点"，来赏识、表扬、夸奖、激励学生，是一种教育；发现学生的"问题点"，对错误进行批评，训诫、矫正、惩戒学生，也是一种教育。其实，惩戒不仅是一种教育手段，更是一门教育艺术。

其一，把握好惩戒的原则和策略。一是要清楚学生的承受力，不同学生的承受力不同，教师要有所了解；二是惩戒要对学生发展有利，小错不惩戒将"铸成大错"；三是要引导学生主动改变，让学生认识到错误并愿意改正；四是惩戒要公平公正，注意场合，不可粗鲁；五是要对学生充满高期望，相信学生"明天会更好"；六是惩戒要因人而异，只要能达到教育目的，可以灵活处理。

其二，惩戒应注意的几个问题。一是惩戒就是体罚，凡"惩"必"体罚"；二是调查不明时，就开始实施惩戒；三是绝对化，把犯错的学生说得一无是处；四是"上纲上线"，把学生的缺点放大。如何界定"体罚"？《规则》第十二条明确规定："教师在教育教学管理、实施教育惩戒过程中，不得有下列行为：以击打、刺扎等方式直接造成身体痛苦的体罚；超过正常限度的罚站、反复抄写，强制做不适的动作或者姿势，以及刻意孤立等间接伤害身体、心理的变相体罚。"但《规则》第八条"教师在课堂教学、日常管理中，对违规违纪情节较为轻微的学生，可以当场实施以下教育惩戒"中有一条"一节课堂教学时间内的教室内站立"。换句话说，对违纪学生，实施一节课的教室内的罚站是可以的。

其三，最好的惩戒是学生自己对自己的惩戒。让班集体建立班级奖惩制度，也许是学生自己对自己的一种激励和约束，也是一种自我教育。苏霍姆林斯基曾说："只有学生把教育看成是自己的需要且乐于接受时，才能取得最佳的教育效果。"可见，教育的最高境界是学生的自我教育，惩戒也正是想达到这一境界。在制定班级奖惩制度时，班主任要引导学生明确"奖善罚恶"的鲜明立场；要以学生的建议为基础，来制定奖惩制度；要让学生积极参与，建立广泛的监督机制；要以"奖实罚虚"为原则创新奖惩制度，如"同学之间吵架打架的，罚当事者必须找出对方5条以上的优点"，等等。

其四，用爱的惩戒来约束学生。教师要在尊重学生人格的基础上，合理、公正地对学生进行惩戒，以达到教育目的。

我们看下面这个故事：

英国的皮特丹博物馆收藏了两幅画，一幅是狗的骨骼图，一幅是狗的血液循环图。能够摆在这家博物馆里的画，人们都以为是什么大画家的作品，其实不然。这两幅画都是一个小学生的作品。

这个小学生对什么都好奇，有一天他看见校长有只很漂亮的小狗，于是偷偷地打死了这只小狗，目的只是想看一下小狗的心脏是什么样子。校长发现自己心爱的小狗被小学生打死了，非常伤心，也非常恼火，想要惩罚打狗者。

怎样惩罚他呢？校长了解到这个小学生打死狗的原因后，做出了这样的惩罚决定：要他画两幅画，一幅是狗的骨骼图，一幅是狗的血液循环图。这就迫使那个小学生认真地研究狗的内部结构，并由此对动物的组织结构产生了浓厚的兴趣，有了进一步深入研究的欲望。正是这个包含理解、宽容和善待胸怀的"惩罚"，使这个小学生爱上了生物学，并最终因发现胰岛素在治疗糖尿病中的作用而走上了诺贝尔奖的领奖台。

这个小学生就是英国著名的科学家麦克劳德。

这就是"爱的惩罚"，充满爱的惩罚是一种善意的惩罚，能让受教育者充满暖意地接受，老师们不妨善加使用。

35. 随意与诗意

　　李如密教授认为，教学意境，是指教学过程中师生的主观情思与客观景象相结合而创造出来的情景交融、神形具备、浑然一体的艺术世界。

　　"意"指师生的情感、想象等主观因素，并形成一种综合形态。"境"指教学内容、教学语言、教学板书、教学仪态、教学氛围等诸要素结合而成的一种界域。有美妙意境的课堂教学，如同一幅别具美质的图画，但并非平面构图，而是一个有立体感的多重组合的艺术体，产生出动人心魄的艺术魅力，学生则在这种教学意境中健康成长。

　　我曾经在一篇文章中这样说："随意的课堂教学，是缺乏意境的教学，而诗意的课堂教学，则是教学意境的一种呈现形式。"现在分析起来，我觉得我当时说的话可能武断了些。百度一下"随意"和"诗意"：随意，随着自己的意愿；诗意，像诗里表达的那样给人以美感的意境。就"随意"而言，随意——随着自己的意愿之于教学，是否可以理解为有两种样态：一种是不以为然的"随意"的教学，一种是自然而然的"随意"的教学。

　　如果是这样的话，我们就应当避免不以为然的"随意"的教学，而应倡导自然而然的"随意"的教学。

　　不以为然的"随意"的教学，随处可见。我们从传统教学的十大弊端，可略见一斑：单调的"标准化"导致故步自封，统一的"程式化"导致创新匮乏，纯粹的"应试化"导致枯燥乏味，极端的"功利化"导致压抑人性，流行的"填鸭式"导致疲于应付，"重结果轻过程"导致舍本逐末，"重教法轻学法"导致南辕北辙，"重灌输轻探究"导致浅尝辄止，"重教材轻学生"导致兴趣丧失，"重知识轻能力"导致眼高手低。

自然而然的"随意"的教学，是润物无声的、是悄然发生的、是合情融入的、是渐入佳境的，这对教师的专业素养提出了挑战。我们从下面这个课例来体验一下两种"随意"。

我经常听"中心对称图形"这节课，多数教师基本上是"照本宣科"，偶尔有些老师会补充讲一些"静态的常规的例子"——独立呈现没有变式的传统的例题。这就是典型的不以为然的"随意"的教学。

这节课完全可以自然而然地上得很精彩，我们来体验一下这个"自然而然"的过程。

教师讲完课本上的内容后，随手拿起学生桌上的一本书，从包里拿出一些半径大小不一的硬币，让两个学生轮流将硬币不重叠地放在这本书上，谁不能再放，谁就输了，你有赢的策略吗？

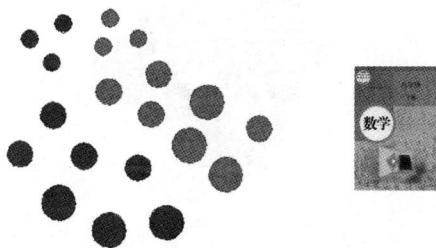

让学生在玩中再次感受"中心对称"：你将第一个硬币放在正中心，然后，在对方放硬币处的中心对称的位置上放半径一样的硬币，只要对方有位置放，你就有位置放。所以，先放的人有必胜的方法。

接着，教师给出下图带有网格的纸板，并拿出两个 1×2 红色和蓝色木块若干，对学生说："这也是二人游戏，两人分别持有红色和蓝色木块各18 个，轮流在纸板中的网格上放置木块，谁无法再放谁就算输，如何取胜？"

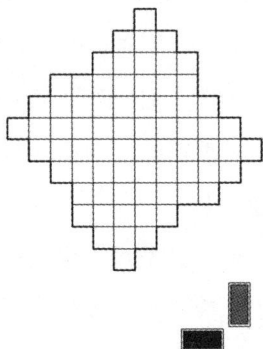

　　话音刚落，肯定会有不少学生思维定式，说"先放会赢"。"题中点滴差异，解答面目全非"，前一题和这道题，基本原理都是利用"中心对称"思想，但因"玩法"有细微差别，策略也就随之而变。就此题而言，纸板网格是中心对称图形，但"中心"无法放木块，所以后放者有必胜策略。

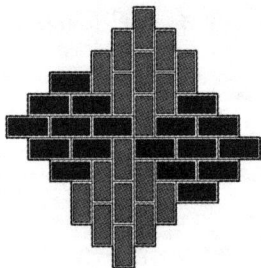

　　当学生惊呼上当还没回过神来时，教师投影出 10 个圆，指着图形说"我出一道中考题"，这 10 个大小一样的面积为 1 的圆彼此外切，过其中的两圆心 A、B 连一直线将全部圆分成两部分，这两部分图形面积各是多少? 教师故意说："这道题能'一望而解'吗?"学生边思考边说："这怎么可能?"

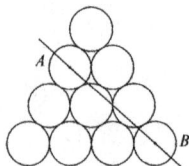

当教师把图形中的四个圆画上阴影后，全班学生恍然大悟，说："直线 AB 上方的面积为 4，直线 AB 下方的面积为 6。"教师顺势说："'一望而解'了，是吧？这怎么不可能！"

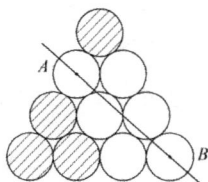

学生再次恍然大悟，这就是考查"中心对称"的题，真的可以"一望而解"。

教师看学生兴头上来了，顺势又投影出一个"L"形，说用一条直线平分其面积，你能有几种方法？

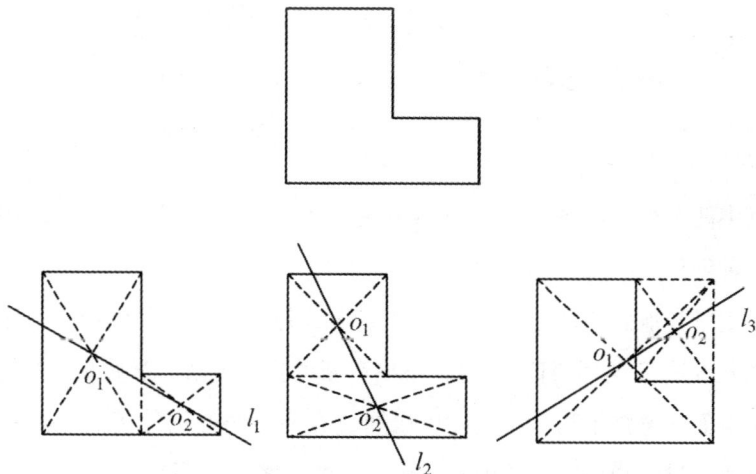

前两种划分方法，利用中心对称原理和"等量加等量其和相等"，学生容易画出，第三种划分方法，利用中心对称原理和"等量减等量其差相等"，多数学生不容易想到。

感觉学生还不过瘾，教师又投影出 5 个等圆，还是用一条直线平分其面积，问学生能有几种方法？

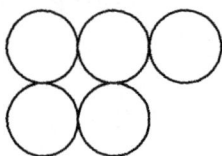

思维被激活的学生这下"聪明多了"，分别给出如下划分方法：

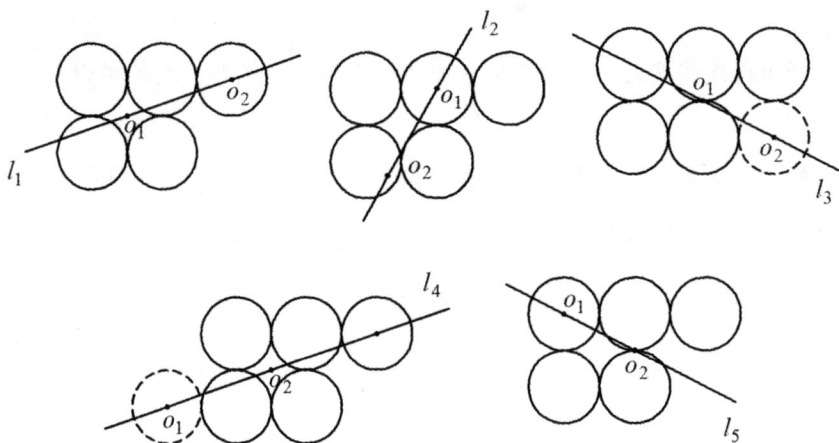

其中两个画虚圆的 l_3、l_4 虽然分别与 l_1、l_5 重复了，但虚圆的引入，就是一种创新。

学生以为他们的划分方法已经"尽善尽美"了，教师说："还可能有新的划分方法。"学生们怎么也想不出有新的划分方法，教师说："我们不是做过上面那道题了吗？我们就可以通过在两组圆外画外接矩形，并将划分的直线穿过这两个矩形的中心找到不同的答案。"（见后图）

学生惊愕，他们的"尽善尽美"并不完美，竟然漏了两种划分方法。

感受到这位教师的功力了吧，这就是我们要追求的自然而然的"随意"的教学，这种"随意"难能可贵！

当然，我们更期盼有更多的"诗意"的教学，让"像诗里表达的那样给人以美感的意境"的教学层出不穷。怎样让课堂教学步入"诗意"境

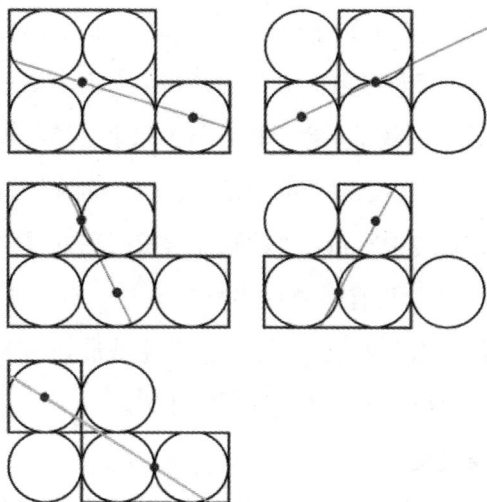

界，是每个优秀教师着力追求的教学艺术。在我看来，"诗意"教学是灵性的，是有趣的，是很美的，是有用的，是惊喜的。

灵性——诗意之魂。

灵性，指人所具有的聪明才智，对事物的感受和理解的能力。

灵性的教学，课堂不是教师表演的场所，既是师生之间交往、互动的场所，又是生生交往、互动的场所；灵性的教学，课堂不是对学生进行训练的场所，而是引导学生发展的场所；灵性的教学，课堂不只是传授知识的场所，而且更应该是探究知识的场所；灵性的教学，课堂不是教师教学行为模式化运作的场所，而是教师教育智慧充分展现的场所。

灵性的教学，课堂会有"突发事件"，会有教师的"失误"，会有教师对学生的"刁难"，自然生成"未曾预约的精彩"。

有趣——诗意之基。

我国课堂教学相对沉闷，大家都有这样一种感觉——严肃有余，"喜气"不足。其实，只要教师稍微留心一下，就能找到许多可以创造"喜气"的情境。给个趣题，讲个故事，做个游戏，甚至"闹个"笑话，有机融入课堂教学，往往会产生意想不到的效果。

孔子曾说："知之者不如好之者，好之者不如乐之者。"就是说，知道知识有用而去学不如爱好学习而去学，爱好学习而去学不如以学习为快乐之事而去学。"乐之"，就是兴趣，以学习为乐事，学习效果就更佳。

许多科学家在谈到自己成功的原因时，都一再强调自己对学习有浓厚的兴趣。达尔文在自传中写道："就我在学校时期的性格来说，其中对我后来发生影响的，就是我有强烈而多样的兴趣。沉溺于自己感兴趣的东西，深入了解任何复杂的问题。"可见，兴趣是最好的老师。兴趣可以产生强大的内驱力，可以充分发挥人的聪明才智。

很美——诗意之境。

"爱美之心，人皆有之。"课堂教学理应追求美，创造美，展现美。美好的事物能给师生的身心带来愉悦和享受，也能使学生在潜移默化中获得美的熏陶，美在教学活动中是一种最能撼动人心和最富教育性的力量。

诗意课堂不能没有美，诗意课堂就是要"让课堂美起来"。就形式和内容而言，就有教师的仪表美、教师的人格美、教学的语言美、教学的内容美、教学的过程美、教学的情境美、教学的情感美、课堂的气氛美、教学的节奏美、教学的互动美、板书的艺术美等，每个"美"细探下去，都是一个可以深入研究的"小课题"。换个角度来说教学美，是不是可以这样说：诗意教学呼唤和谐圆融的整体美、醇厚浓郁的情感美、空谷传神的动态美……多么"美"的课堂！

还有人用诗一般的语言这样来诠释教学美：课堂教学处处充满着美，课堂教学之美，美在语言，美在形象，美在韵律，美在思辨，美在交流，美在思维，美在探索，美在发现，美在有始有终，美在张弛有度，美在断续有致，美在雅俗共赏。

有用——诗意之需。

"学以致用"，让所学知识有用，充分体现有价值的课堂教学，让学生在"用"中体悟每个学科的诗意。下面以数学学科为例，加以说明。

数学来源于生活，又应用于生活中。数学家华罗庚曾经说过："宇宙之大，粒子之微，火箭之速，化工之巧，地球之变，日用之繁，无处不用数学。"这是对数学与生活的精彩描述。

因此，数学教师就要和学生一起玩数学、用数学、品数学。玩中激趣，用中获知，品中增智。

课程标准十分强调数学与现实生活的联系，不仅要求教材必须密切联系学生生活实际，而且要求"数学教学，要紧密联系学生的生活环境，从学生的经验和已有知识出发，创设有助于学生自主学习、合作交流的情境，使学生通过观察、操作、归纳、类比、猜测、交流、反思等活动，获得基本的数学知识和技能，进一步发展思维能力，激发学生的学习兴趣，增强学生学好数学的信心"。使他们有更多的机会从周围熟悉的事物中学习数学和理解数学，体会到数学就在身边，感受到数学的趣味和作用，体验到数学的魅力。

惊喜——诗意之法。

北京十一学校魏勇老师认为，对学生最大的尊重，应该是在课堂上给他惊喜；对学生最大的轻视，就是在课堂上表现平庸。

老师要力争在每节课中都给学生惊喜，就像给学生带来意想不到的礼物一样。如果我们的课堂当中常常会有一些出乎学生预料的、有能够让学生感觉很有收获的东西（他可能在课前想到了一些，但是没有老师在课堂上讲得那么深刻），于是他就成长了，认识更深刻了。

"好的教学要能够给学生以'惊喜'"，江苏省教育科学研究院彭钢老师如是说。让师生在课堂中收获"惊喜"，这不仅能保持教师的职业激情，也能激发学生主动学习的欲望，最终达到师生共同成长的理想境界。

有惊喜的课堂一定会是充满诗意的课堂，优秀教师理当让积极追求有惊喜的课堂成为自己的自觉行动。

36. 常态与公开

在教师的教学生涯中，基本上是上常态课较多，上公开课在整个教学生涯中所占的比例很小。从道理上讲，教师要努力上好每一节常态课，而不是单纯的知识传授课；教师要在公开课上充分展示自己在常态课中的教学探索，而不是预演多遍的表演课。

现实中，一些教师的"两课""判若两人"——公开课"风起云涌"，常态课"涛声依旧"。造成这种现象的原因很多，常态课应有常态课的基本样态和理想追求，公开课也应有公开课的基本样态和理想追求，我们具体来讨论一下相关问题。

一、常态课与公开课的现状

常态课多随意，公开课多刻意。"随意"的常态课随处可见：单调的"标准化"导致故步自封，统一的"程式化"导致创新匮乏，纯粹的"应试化"导致枯燥乏味，极端的"功利化"导致压抑人性，流行的"填鸭式"导致疲于应付，"重结果轻过程"导致舍本逐末，"重教法轻学法"导致南辕北辙，"重灌输轻探究"导致浅尝辄止，"重教材轻学生"导致兴趣丧失，"重知识轻能力"导致眼高手低。而公开课则多"刻意"，也就是费尽心思。公开课毕竟是要拿出来让同行分享和评析的，认真准备尽量上出应有的样态是很正常的。但现在多数教师对待公开课"用力过猛"，在公开课上耗费过多精力，一节公开课的教案"数易其稿"，公开课上完后"如释重负"。

常态课少研究，公开课少个性。常态课，才是真正的"课"。我们就必须聚焦于常态课、变革于常态课、突围于常态课。但现实情况是多数教师对常态课缺少研究。比如，我们的学生不善"问"，是不争的事实。学生为什么不爱问？这就需要研究。有观点认为："让学生提问难，教师转变更难，最大的阻力来自教师自身。"当学生所提的问题"井喷"时，我们的老师招架得住吗？当整堂课被学生杂乱无章的"问题泡沫"包围时，我们的老师还能收放有度地驾驭好课堂吗？当教师习惯的"自问自答"教学方式受到挑战时，我们的老师能克服固有的教学定式吗？而公开课由于执教老师一般会征求和吸纳同行意见，不断修改教案，改来改去，把自己原有的个性给改没了。

常态课不重视，公开课太在意。常态课自己一个人上，一般没人来听，一般也不会受到评价，多数老师不大重视。备课，按一般方法进行，有时忙起来，也就简单地备一下，拿出老教案看一遍第二天就上的也是有的。而对公开课就不一样了，老师们非常重视，从一接到任务开始就积极谋划，上哪个内容的第几节课？用哪个班上？怎么创设情境引入课题？怎么巧妙构思结尾？整个教学过程怎么安排，如何细化到具体的时间节点？使用什么媒体？多数教师还会把设计的教案请同事或名师把脉，反复修改；有的老师会细化到某个问题提问哪个学生；有的老师还会进行试教，让公开课教学过程"烂熟于心"，等等。

常态课重实效，公开课重技巧。常态课教师多注重学生学习的实效，既传授知识，又培养能力；既静默记忆，又狠抓练习；既设疑释疑，又适度留白；既充分预设，又期盼生成……教师尽量把课堂上学生要掌握的东西教给学生。而公开课教师多注重自身教学的技巧，诸如创设良好情境巧妙引入课题，运用媒体技术娴熟，体现基于"用教材教"的教学设计，编选例题追求新奇，师生互动频率颇高，教学环节层次清晰，教师教学语言流畅，教师肢体语言运用得恰到好处，板书设计科学合理，下课钟声一响教师刚好讲完……教师尽量把自己的教育教学技能展现出来。

常态课备不足，公开课多研磨。不论是常态课还是公开课的备课，都应备好教材心中有书，备好学生心中有人，备好教法心中有术，备好开头引人入胜，备好结尾引发探索，备好重点有的放矢，备好难点寻求突破，备好作业讲求实效，备好学案渗透学法，备透理念融会贯通，备多用寡左右逢源，备之终生养成习惯，备中研究深层探索，备出意境空谷传神……但现在的情况是多数教师常态课没有养成习惯这样"备"，而公开课则多研磨，反复推敲试讲，"磨"出了一节集集体智慧的由执教教师去上的完美的课。

常态课少诗意，公开课太华丽。"诗意"教学是灵性的，是有趣的，是很美的，是有用的，是惊喜的。现在的常态课多数达不到这种"诗意"之境，走遍校园"观课"感觉还是随意的多：总体比较沉闷，老师问学生答的现象普遍存在，用教师的思维取代学生的思维的多，教学过程不流畅……而公开课又显得太华丽：使用媒体花样翻新，教学语言句句考究，学生发言过于老练，学生讨论场面热烈，妙题出彩巧解生辉，精心设计课题引入，用心归纳课堂内容……一节课"装进"的东西真不少。

上述现状，多少让常态课和公开课走了样，这里既有学校评价、制度问题，也有教师观念、素养问题，我们希望常态课与公开课都能回归"基本样态"。

二、常态课与公开课的基本样态

常态课要在"整体谋划"下"精心备课"。常态课是贯穿教学全过程的课，教师就要有一个整体的教学设计，而后精心备课分段实施。如数学的"连形问题"教学，就需要有一个"整体谋划"：就形状而言，一年级开始可以玩"正方形的连形"，三年级可以玩"正三角形的连形"，五年级可以玩"正六边形的连形"；就数量而言，可以先玩"四连形"，一段时间后玩"五连形"，再过一段玩"六连形"；就变式而言，三年级开始可以考虑玩"用连形图拼轴对称图形"问题，五年级可以玩"用正方形六连形折叠正方体问题"，等等。公开课做不到"整体谋划"，这是常态课的"专利"。

常态课要在"依标尊本"下"融入理念"。"依标"，就是依据新的课程标准，这是教学设计的"底线"；"尊本"，就是尊重教材对教学的指引功能，教材毕竟是由专家学者编的，是集体智慧的结晶。常态课就要在"依标尊本"的基础上"融入理念"，把教师自己的教学主张融入教学设计中。理念的融入，是对一般教学设计的一种超越。李吉林老师的情境教学的教学理念来源于常态课，生长于常态课，精彩于常态课；张思明老师的数学课题学习的教学理念，也是在常态课上才能更好地实现，一节公开课一般是完成不了一个课题的。

常态课要在"继承传统"下"创新实践"。继承，让创新有其"源"，有文脉，很"自然"；创新，让常态课有活力，体现"自觉"，体现教师教学的价值引领。从"双基"到"三维目标"再到"核心素养"，就是继承中的创新。教师要根据新的教育理念，重新认识教学过程，掌握新的教学方法，营造新型的师生关系，为常态课的创新奠定基础。在不同的常态课中，强调师生、生生之间的平等对话，强调体验与共鸣，强调理解与共识，强调自主与合作，强调探究与发现，期盼充满智慧、文化和生命含量的课堂"好雨"，能悄然润入学生的"心田"。

公开课要体现"教明其道"下的"教精其术"。道是道理、规律等形而上的概念。今日教育之人，理应在"道"上做足文章，因为做教育就是一个明道、悟道、得道的过程。教明其道，就是教师要实施本真本源的教育教学，这是公开课的题中之意。公开课虽然不提倡教师的"表演"，但教师的"教精其术"还是应该有所展现的。术，是方法、手段和技巧。"术"是让"道"成为现实的中介工具和必需途径。万物运行都有方法和规律可循，如果方法运用得当，则事半功倍；运用失当，则功亏一篑，这便是"术"的重要性。

公开课要体现"教学主张"下的"教学风格"。基于教师自身的个性特质，提炼自己的教学主张，进而形成独特的教学风格和教学思想，成长为富有个性的教学名师，这是教师专业成长的必由之路。公开课是可以把自己的教学主张展示出来的，其目的就是拿出来让同行和专家评议。教学主张是教师教学的独特视角，是教师形成教学风格和教学思想的基石。公开课也是教师教学风格展示的平台，值得一提的是，不少公开课教学设计的初稿充分体现了执教教师的风格，但几经"磨课"下来，执教教师的风格给"磨"没了，这就失去了公开课的重要价值。

公开课要体现"教学常态"下的"教学探新"。常态课有更多的创新空间，教师的一些新的教育教学思路，不管成熟不成熟都可以进行尝试。考虑到公开课的特殊性，教师可以把自己教学常态下相对成熟的教育教学的创新实践——更多的是教育教学微创新，展现出来，让同行和专家评议。这种微创新，可以是"融错教学"的尝试，可以是"拓展教材"案例，可以是"益智游戏"的引入，可以是从"去问题教学"到"生问题教学"的探索……公开课应该鼓励这样的微创新，让教师个人独特的风采呈现出来。

常态课追求长远效益，我们要立足"长远"来谋划，去形成连贯的整体效应；公开课注重短时的效果，我们要立足"短时"来构思，它既是常态课的极致体现，更应成为教育探索平台。

三、常态课与公开课的理想追求

常态课"大气"一点，公开课"才气"一点。"两课"都要"大气"

一点（有文化），也都要"才气"一点（有智慧）。"大气"不足，体现在"考什么教什么"，以考试不考为由扼杀学生对知识和问题适当延伸的渴望，课堂更多的是按知识点教学而不是充分激发学生的思维，等等。教师的"大气"，与教师的教学观念、知识积累、能力水平、文化素养有关，教师要力争把常态课上得"大气"一点。教师的"才气"，是教师"教育智慧"的体现。教师的教育智慧，要更多地在公开课上呈现，有生成、有碰撞才会有智慧的火光；民主的、自然的课堂，才是公开课应有的理想样态。

常态课"傻气"一点，公开课"灵气"一点。"两课"都要"傻气"一点（有钝感），也都要"灵气"一点（有方法）。教育需要敏感，也需要钝感。教育的敏感，是一种教育智慧；教育的钝感，是一种育人境界。教师教学中的示弱，给学生创造示强的机会。教学中留一些"缺口"、留一点"缺陷"，学生想"圆其说"，就很有可能激发学生去"圆满"，给了学生用心之机，给了学生用武之地。这些，在常态课中实施的空间大。课堂的灵性，更多的是要靠教师的"灵气"来感染。这种感染可以是一题多解、一题多变、一题多用，可以是深入浅出的巧妙解答，可以是化难为易的新奇证明。这些，在公开课上展示的空间大。

常态课"朝气"一点，公开课"和气"一点。"两课"都要"朝气"一点（有活力），也都要"和气"一点（有互动）。比较中外常态课教学，我们的常态课教学相对比较沉闷。有活力的教学，课堂不是对学生进行训练的场所，而应是引导学生发展的场所；有活力的教学，课堂不只是传授知识的场所，而应是探究知识的场所。公开课相对来说"和气"的多——也就是互动的多，但我们希望这种"互动"不是曾经演练过的互动，不是为互动而互动，不是无效或低效的互动，期盼有更多的生成互动、思维互动、自然发生的互动。

常态课"喜气"一点，公开课"秀气"一点。"两课"都要"喜气"

一点（有趣味），也都要"秀气"一点（有美感）。我们的常态课，严肃有余，"喜气"不足。其实，只要教师稍微留心一下，就能找到许多可以创造"喜气"的情境。给个趣题，讲个故事，做个游戏，甚至"闹个"笑话，有机融入课堂教学，往往会产生意想不到的效果。公开课不能只讲教学技巧，只讲课堂效率，公开课不能没有美。"让公开课美起来！"公开课呼唤和谐圆融的整体美、醇厚浓郁的情感美、空谷传神的动态美、雅俗共赏的教学美……

常态课"书卷气"一点，公开课"沉住气"一点。"两课"都要"书卷气"一点（有探究），也都要"沉住气"一点（有耐心）。探究学习是围绕一定的问题、文本或材料，在老师的帮助和支持下，学生自主寻求答案、意义、理解或信息的一种学习方式。探究学习，可能要多节课才能完成，可能会出现冷场情况，可能会生成新的探究问题，相对而言在常态课中比较适合进行，教师要积极尝试。公开课，执教教师一般都希望能圆满完成教学任务，因此在教学环节上就会把得比较紧，教师分析问题、提问或点拨时，往往沉不住气，给学生思考的时间太少，一急起来就用自己的思维取代了学生的思维。

期盼常态课与公开课都能"气"象万千，都能步入理想之境；期盼常态课能"常"出新"态"，摒弃问题，师者多用心于"常态"，让常态课从基本样态走向理想境界；期盼公开课能"公"而盛"开"，让公开课成为常态课的精彩课例，成为理想课堂的范例，成为教学新探的案例。

37. 双减与提质

"双减"指要有效减轻义务教育阶段学生过重作业负担和校外培训负担。国家新政一出,引发社会各界的广泛关注和热议。

"人民来论"强调,这是利国利民的大事!是党中央站在实现中华民族伟大复兴的战略高度,对"双减"工作作出的重要部署。"双减"让教育"返璞归真"。

多数专家学者认为,从长远看,"双减"政策一定是利大于弊。但学校、教师和家长也有一些自己的想法,这是很自然的。

关于"双减",我看到了一些可以引发思考的话题:"双减"的好经绝不能被"一刀切"念歪;做好"双减"后半篇文章;"双减"之后如何"增"?落实"双减"容不得搞变通;多方合力做好"双减"工作;落实"双减"必须到位,课后服务亦需跟上;对变相补课零容忍,才能让"双减"更有效;"双减"大幕开启,家长也需做出改变;"双减"之后当增"能";"双减"是一场系统性改革;"双减"时期,给学习能力做"加法";落实"双减"教师评价"指挥棒"怎么变?"双减"之下 教育还要迎接哪些挑战?

不论哪个话题,归根结底就是一句话:"双减"之下如何"提质"?

"提质",是社会对教育的呼唤。办人民满意的教育,没有"质量"是不行的,"高负"的"质量"也是不行的,所以必须"双减"。正确处理和把握好"双减"与"提质"的关系,是现阶段基础教育面临的挑战。探索"双减"与"提质"的内在和谐,实属必要。

学生负担，辩证看待。

所谓减负，主要指减轻学生过重的课业负担和心理负担。造成中小学生课业负担过重的原因是多方面的，有来自考试制度的片面导向；来自学校内部的诸多弊端；来自家庭对子女的过高期望；来自传统文化消极方面的影响；来自"剧场效应"绑架了当下的教育，等等。可谓盘根错节，根深蒂固。

减负，势在必行。作为政府，要发挥减负的主导作用，"双减"政策就是在这样的背景下出台的。作为学校，要勇挑重任实现减负增效；作为家长，要给予孩子合适的期望。教师是减负的主力军，我们这里着重探讨教师应有的担当。

当然，减负，也要辩证看待。减负是当前的迫切要求，但并不能简单对待。减轻学生的过重负担，但不是不要负担；学习也是需要负担的，有负担才有压力，有压力才有动力；负担宜适度，学习质量高。

目前我国中小学生的负担，是不该重的负担过重了，该重的负担没有重起来。智育负担重，四育（德、智、美、劳）负担轻；动脑负担重，动手负担轻；左脑负担重，右脑负担轻；记忆负担重，思维负担轻；作业负担重，活动负担轻。负担不均，贻害无穷。

"双减"，就是要把学生过重的负担减下来。在我看来，也要把学生负担轻的提起来，这应是"双减"的题中之义。

轻负高质，积极践行。

"提质"是和"减负"同时提出的一个话题。作为学校和教师，既要"减轻负担"，又要"提高质量"，这无疑对学校和教师提出了挑战。

教育部领导曾这样说，减轻负担与提高质量，看似相互矛盾，其实是一脉相承，好比鸟之两翼，车之两轮。找到平衡点，就是"课改"，以"课改"来减负，不搞花架子，不玩鬼点子，真正把提高质量建立在不增加负担的基础上。

说得真好！"真正把提高质量建立在不增加负担的基础上"，考验着我们的智慧。

什么是高质量的教育？

至少有如下几点：坚持立德树人，塑造学生健全人格；坚持以人为本，尊重学生成长规律；坚持因材施教，全面发展与个性发展相统一；坚持校内教育与社会实践相结合，培养学生的社会责任感。正确的教育质量观，是追求学生身心的全面发展、全体学生的共同发展、尊重学生的差异发展和学生未来的持续发展的教育质量观。

是否可以这样说，"高负"而"低质"的教育，是严重影响学生健康成长的失败的教育；"轻负"而"低质"的教育，是没有质量意识的不负责任的教育；"高负"而"高质"的教育，也不是人民群众满意的教育。如此看来，我们追求"轻负"而"高质"的教育，就是一种可积极探寻的理想的教育。

徐志伟先生一篇《"轻负高质"：现阶段基础教育的新使命》，把这个问题说得甚透。他认为，"轻负高质"是教育工作追求的目标和境界，"轻负高质"是现阶段基础教育的使命。从表层分析，"轻负高质"是一种教育形态；从中层分析，"轻负高质"是一种教育思维；从深层分析，"轻负高质"是一种教育理想。"轻负高质"教育合乎教育终极目的之要求；"轻负高质"教育具备"有效教学"的基本特征；"轻负高质"教育有助于促进人的全面发展；"轻负高质"教育是构建和谐教育的内在需要。

"双减"之下，教师何为？

日前，教育部校外教育培训监管司发声强调："双减"工作是一项长期性复杂性系统性的工程，必须注重当前和长远相统一，往深里做、往宽里做、往严里做、往远里做，持续用力、久久为功。

推进"系统工程"，政府要监管，学校要担当，家长要配合，学生要适应，教师要做什么？

"双减"政策，对教师提出了新的要求和挑战。在教学设计上，要研究学情，精心备课，高效科学；在教学实施上，要透视教材，激活教材，拓展教材；在课堂重建上，要突破知识，融入智慧、文化和生命的含量；在课堂教学中，要聚焦核心素养，走向深度学习；在作业问题上，要在效度上、分层上、创新上做足文章；在学生能力上，要着力提升学生的学习力，让学生登上学习快车。

学习力，即学生的学习能力。广义的学习力，内容比较丰富；狭义的学习力，主要指观察、记忆、想象和思维能力，而思维能力是学生学习力的核心。换句话说，教师抓住学生思维力的培养，就抓住了学习力培养的核心。

教师要做的很多，但我有一个比较顽固的观点，就是"教师要从为知识而教走向为思维而教"，若是，许多教育问题（包括减负）就迎刃而解了，不信，你试试！

《中国学生发展核心素养》公布后引发学术界思考一个问题："核心素养的核心是什么？"林崇德教授在演讲《从核心素养到学生智能的培养》中提到，教学的着重点在于发展学生的智能（智力与能力的总称），而思维是智能的核心。林崇德教授在另一论坛上，明确指出："在核心素养的文化基础方面有两个问题，一个是人文底蕴，一个是科学精神。人文底蕴与科学精神是核心素养中的两大素养。它的关键是思维教学。"钟启泉教授认为："核心素养是指学生借助学校教育所形成的解决问题的素养与能力，是学生适应终身发展与社会发展需要的必备品格和关键能力。培养学生的思维素养是核心素养的核心。"

为思维而教，让课堂成为思维的乐园；为思维而教，让教师灵性生长。能够胜任"为思维而教"的教师，就要提升自身的思维品质。如何提升教师的思维品质？我建议读一下李亚男所著的《教师必备的思维品质》一书。

有人认为，从某种意义上说"教育就是叫人去思维"，我觉得，这句话很有道理。"授人以鱼不如授人以渔"，换句话说：习得知识固然重要，而习得思维方法更加重要。为思维而教，是教师探究的新领域，是教师发展的新内涵，是教师教学的新标准，是教书育人的新高度，更是"双减"之下的教师之为。

为思维而教，是教师教慧之道。高鹏老师在《从"教会学生"向"教慧学生"转型》一文中认为，零散的知识是构不成能力的；教学不能止于知识，而要进入思维。在教学过程中，教师的根本作用不是"告诉"和"教会"学生知识，而是"激发"学生的学习潜能，"激励"学生的学习热情，"引领"他们提升合理思维、深入探究与有效合作等"会学"的综合能力，最终实现"建构知识、提升能力、启迪智慧"的价值追求。

为思维而教，是学生智学之道。教学，理应包括教师的"教"，也应包括教师教学生"学"。但现在绝大多数教师的教学，都在自己的"教"上做足功课，很少有教师在如何教学生"学"上做足文章。"双减"之下，教师一定要有教学生"智学"的意识。既指导宏观的学习策略，又讲透学科的学习方法，还具体总结解题的技巧。为思维而教，教师就会点悟学生从会答走向会问、从学会到会学、从死学到智学。

教师若能"为思维而教"，进而指导学生"为思维而学"，再以教师的力量促进学校"走向思维教育"的话，那么学生的思维力"加"了，进而学生的学习力"加"了，"双减"何愁不减？

"双减"，呼唤教师为思维而教。

主要参考文献

［1］李如密等著．课堂教学艺术新论［M］．福州：福建教育出版社，2014.8.

［2］魏勇著．怎么上课，学生才喜欢［M］．北京：中国人民大学出版社，2016.4.

［3］欧阳芬主编．做专业的教师——课堂教学的 55 个细节［M］．成都：四川教育出版社，2006.8.

［4］闫承利编著．素质教育课堂优化艺术［M］．北京：教育科学出版社，2000.8.

［5］张先华著．先进的教育策略［M］．成都：四川大学出版社，2004.12.

［6］郑金洲著．课堂教学的 50 个细节［M］．福州：福建教育出版社，2007.12.

［7］严洪育著．教育，你怎么了？［M］．北京：首都师范大学出版社，2015.10.

［8］梁进著．名画中的数学密码［M］．北京：科学普及出版社，2018.3.

［9］何旭明著．科学与人文：课程的一体两面［M］．北京：中国人事出版社，2005.5.

［10］丁道勇著．唤起教师的理论兴趣［M］．上海：华东师范大学出版社，2015.7.

[11] 郑慧琦等主编. 做有思想的行动者 ［M］. 上海：上海教育出版社，2000.1.

[12] 余文森著. 有效教学十讲 ［M］. 上海：华东师范大学出版社，2009.9.

[13] 华国栋著. 差异教学论 ［M］. 北京：教育科学出版社，2000.1.

[14] 刘贤昌著. 教育的灵性追求 ［M］. 成都：四川大学出版社，2016.6.

[15] 欧阳明著. 学习型学校论 ［M］. 成都：西南交通大学出版社，2005.6.

[16] 程红兵著. 为一所理性学校而来 ［M］. 上海：华东师范大学出版社，2015.7.

[17] 余文森著. 从有效教学走向卓越教学 ［M］. 上海：华东师范大学出版社，2015.9.

[18] 任勇著. 为发展而教育 ［M］. 北京：高等教育出版社，2009.7.

[19] 任勇著. 好学校之境 ［M］. 上海：华东师范大学出版社，2016.5.

[20] 任勇著. 觉者为师 ［M］. 上海：华东师范大学出版社，2019.6.